LES DESSOUS
DU
POSITIVISME

LETTRE A M. LE DOCTEUR ROBINET

PAR

Gabriel MOLLIN

PRIX : 2 fr. 50 centimes

PARIS

DÉPÔT PRINCIPAL DE VENTE

A LA LIBRAIRIE DES PUBLICATIONS POPULAIRES

54, rue Amelot.

1879

LES DESSOUS

DU

POSITIVISME

LES DESSOUS
DU POSITIVISME

LETTRE

AU DOCTEUR ROBINET

Vivre au grand jour.

MONSIEUR,

Vous avez été il y a quelque temps l'objet de graves accusations de la part d'une personne qui s'était déclarée prête à fournir les preuves des faits qui vous étaient imputés.

Des explications vous ayant été demandées à ce sujet, vous vous êtes tout simplement contenté d'infliger un formel démenti à votre accusateur, en le mettant au défi de prouver ce qu'il avançait.

C'est alors que vous avez été invité à vous présenter devant lui afin de vous justifier et de pouvoir le confondre, comme cela se pratique ordinairement en pareil cas.

Mais à ce moment votre assurance s'éclipsa totalement et vous n'avez pas pu, depuis, retrouver l'aplomb nécessaire pour affronter la présence de votre contradicteur.

Si dans l'espoir d'étouffer la vérité vous vous étiez borné à refuser l'enquête qui vous était offerte et si après avoir fait des excuses vous vous étiez tenu à l'écart comme il convenait de le faire en pareille circonstance, il est probable que j'aurais gardé le silence.

Mais vous en avez jugé autrement : ne pouvant pas vous justifier vous avez entrepris de me calomnier, et vos calomnies, sournoisement répandues par vos acolytes, ont une telle gravité qu'il ne m'est pas possible de me taire plus longtemps.

Vous vous demanderez sans doute comment il se fait que je sois parvenu à découvrir vos agissements, puisque vous opérez dans l'ombre, en faisant agir des affidés et en employant constamment le procédé jésuitique : « *Frappe et cache ta main* »....

Comment cela se fait? Mais je vais vous le dire !

Si dans votre œuvre de diffamation vous vous étiez contenté d'employer les mêmes individus dont vous vous êtes servi (ou qui se sont servis de vous) pour accomplir les faits sur lesquels vous refusez toute espèce d'explication, peut-être aurais-je ignoré la chose.

Mais, influencé par le mauvais génie qui vous inspire, et qui a été si bien stigmatisé dans la lettre que le docteur Audiffrent vous adressait dernièrement de Marseille, vous avez cherché à faire de nouvelles recrues.

Vous avez d'abord inféodé à votre cause la plupart des personnes qui sont vos obligés; — vous avez ensuite embrigadé les naïfs qui, trompés par votre jactance, avaient pu croire à la véracité de vos affirmations, puis excité par les complices et appuyé sur les dupes, vous avez entrepris de vous associer les positivistes clairvoyants et indépendants, et vous avez poussé l'imprudence jusqu'à tenter de compromettre les hommes les plus recommandables du parti républicain et les représentants les plus autorisés du prolétariat parisien.

En agissant ainsi, vous deviez inévitablement vous brûler à la chandelle, et c'est ce qui vous est arrivé ; voilà, Monsieur, comment nous sommes parvenus à vous démasquer.

Je vais vous expliquer les faits.

Le 13 novembre 1877, une note anonyme était adressée de Paris au citoyen Richoux, horloger, à Bourges.

Le citoyen Richoux est un républicain éprouvé et un libre penseur convaincu, par conséquent, un honnête homme. Il réunit ses amis, qui, tous, sont les miens, et leur donna connaissance de cette courte missive dont la deuxième partie était ainsi conçue :

Tu dois avoir des amis dans beaucoup de départements, écris-leur semblable anonyme. Se méfier de Mollin : c'est un *voleur*, ce doit être un MOUCHARD.

Les républicains de Bourges décidèrent sur le champ de me prévenir de cette misérable intrigue. Ils me firent parvenir cette lettre par un compatriote et m'engagèrent à me tenir sur mes gardes et à tâcher de découvrir la source de cette double calomnie.

Je me suis dit : « L'adresse de mon ami
« Richoux et ses relations avec moi peuvent
« être connues de tout le monde, puisque le
« journal le *Réveil* a publié à plusieurs reprises
« que j'étais chargé à Paris et lui à Bourges de
« centraliser les fonds provenant de la sous-

« cription faite par les libres-penseurs à l'effet
« d'élever un monument funéraire sur la tombe
« de la citoyenne VATAN. »

Puis, je réfléchis qu'en dehors des gens compromis dans l'affaire qui vous est reprochée, je ne comptais aucun ennemi.

Je dirigeai donc mes recherches de ce côté, avec la certitude de rencontrer ce que je cherchais. J'ai réussi.

Ne croyez pas, Monsieur, que j'aie l'intention de vous accuser d'être l'auteur de cette pièce, et de l'avoir rédigée dans le but d'entraver notre souscription, Non ! je ne vous imputerais pas d'avoir employé un pareil moyen pour arriver à paralyser notre manifestation anti-cléricale. Ne craignez pas non plus, que je vous dise qu'après examen, consultation et confrontation, nous avons cru reconnaitre votre écriture. Non, ne craignez rien de semblable de ma part. Vous savez, du reste, que je suis trop sérieux pour baser mes accusations sur des preuves aussi légères et aussi contestables.

Je laisse donc de côté ce *factum* anonyme qui ne devait me servir que de véhicule, pour arriver à posséder la preuve que vous aviez publiquement tenu un langage conforme à celui qui y est exprimé, et c'est à quoi je suis parvenu. Comment cela? direz-vous? Mais c'est très simple! N'avez-vous pas déclaré ailleurs, que j'étais un *voleur* et insinué que j'étais un *mouchard*? Ne l'avez-vous pas fait en présence de personnes qui ont jugé convenable de m'en prévenir? Cela suffit. Il y a, Monsieur, d'honnêtes gens à Paris comme à Bourges. Décidément, il n'y a plus à en douter, vous êtes très mal inspiré.

Maintenant, que nous avons une base solide, des renseignements exacts et des témoignages sérieux, nous pouvons nous expliquer ensemble.

Le 21 décembre 1877, vous réunissiez les gens compromis dans votre affaire, les personnes à qui vous rendez des services et les dupes de votre jésuitisme.

Puis vous convoquiez à cette réunion un certain nombre de mes amis, parmi lesquels les citoyens que le *Réveil* avait indiqués comme possesseurs de listes de la souscription VATAN.

C'est dans cette réunion que vous avez insinué que j'étais un *mouchard*. Vous auriez déclaré que s'il n'y avait pas quelque chose de semblable on ne pouvait s'expliquer que l'indépendance de mes allures et l'exagération de mes opinions ne m'eussent pas encore attiré de pires désagréments.

Mais, j'y songe, Monsieur, seriez-vous donc de la race des délateurs ou des inquisiteurs, que tout cela vous surprenne si fort ?

Est-ce que votre qualité de diffamateur ne vous suffirait plus ?

Est-ce que vous auriez le triste courage d'ambitionner le rôle de pourvoyeur anonyme de la police ?

A ce propos, je me souviens, Monsieur, que quelque temps après ma sortie de la maison d'aliénés que vous savez, et alors que je réclamais instamment une enquête ou tout au moins des explications contradictoires, afin d'établir la part de responsabilité de chacune des personnes qui avaient participé à cet injustifiable internement, je me souviens, dis-je, que le journal le *Français,* dont le rôle de dénonciateur a été constaté par la presse républicaine, signalait mes opinions anti-cléricales, et rappelait que, sous l'Empire, j'avais été délégué au congrès de Bâle et correspondant d'un groupe de l'Internationale.

Monseigneur Dupanloup, qui, à ce moment, publiait une nouvelle brochure, y introduisit une partie de l'entrefilet du *Français*, puis la *Défense sociale et religieuse* reproduisit le passage de l'évêque d'Orléans. . . , .

Est-ce que tout cela n'aurait été qu'une forme particulière de dénonciation? un moyen d'attirer l'attention de la police? c'est ce que j'ignore. Toutefois, je dois le dire, ces messieurs bornèrent là leurs insinuations. C'était, parait-il, au personnel subalterne qu'il appartenait de pousser plus loin la perfidie. Je ne vous accuserai donc pas d'avoir fourni des renseignements anonymes à vos confrères mitrés. Non! Mais je tiens à établir que les jésuites en redingote et en cotillon, aussi bien que les jésuites en soutane, ne trouvant jamais assez complètes les hécatombes populaires, rivalisent de zèle pour jeter sans cesse de nouvelles victimes au minotaure gouvernemental, au bras séculier. J'ai su, en effet, que trois semaines avant qu'on ne parvînt à me faire enfermer, sous le fallacieux prétexte que j'étais aliéné, l'un de vos satellites, irrité sans doute de l'insuccès des premières tentatives, déclara *que si l'on ne réussissait pas à se débarrasser de moi par un moyen, on en emploirait un autre. Qu'au besoin on aviserait à m'impliquer dans une affaire politique d'où je sortirais difficilement.*

Les personnes qui ont entendu ces propos, sont encore prêtes à se présenter devant vous le jour ou vous aurez le courage d'accepter l'enquête qui vous est offerte depuis trois ans.

Voilà, Monsieur, les procédés usités par les membres de la ligue dont vous vous êtes fait le chef de file !

Vous répondrez que ce n'est pas vous qui avez prononcé ces paroles *imprudentes*. Certainement non, ce n'est pas vous. Quand on est retors, on ne s'engage pas de cette façon-là. Mais n'auriez-vous pas peut-être donné des conseils à huis clos, et fait de votre domicile le centre d'action de ces intrigues ?

A ce moment l'idée de me faire passer pour un agent de police ne vous était pas encore venue.

Ce n'est que lorsque j'ai été sorti de Sainte-Anne, où malgré tous les stratagèmes, on n'a pas pu réussir à me rendre fou, que vous avez eu recours à ce procédé.

Vous aviez pu constater que les sacrifices que je m'étais imposés, pour éviter les pièges, me garantissaient de ces lettres de cachet d'un nouveau genre, à l'aide desquelles on peut se débarrasser des citoyens qui vous gênent.

D'un autre côté, vous aviez reconnu, que la situation ne permettait plus guère d'espérer me faire tomber dans un traquenard politique.

C'est alors que l'on a cherché à me faire passer pour un agent provocateur. Merci !

*
* *

Mais ce n'est pas tout. Dans cette réunion où vous aviez pris la précaution d'inviter les citoyens qui à Paris me secondaient dans l'œuvre de protestation anti-théologique que nous poursuivions avec l'appui du *Réveil* de Paris et de l'*Union Républicaine* de Bourges, vous avez déclaré que j'étais un VOLEUR, et vous avez soutenu que j'avais quitté l'association dont j'ai été le directeur, *ayant les mains et les poches pleines*, en un mot que j'avais subtilisé la caisse.

Je vous réponds, Monsieur : — Vous me calomniez sciemment, car vous possédez tous les renseignements sur ce qui s'est passé dans l'association des doreurs sur métaux, pendant et après ma gestion.

La vérité, la voici : *Je suis entré à l'association ayant de l'argent en poche, et pas un liard de dette, et après avoir préalablement versé 400 francs pour mon apport social, et j'en suis sorti sans le sou, et chargé de six cents francs de dettes.*

Comment se fait-il, direz-vous, que vous vous soyez ainsi endetté, puisque vous êtes entré comme directeur de la société, aux mêmes appointements que ceux que vous aviez chez le patron ou vous travailliez la veille? Voici :

C'était au début de l'association. Vous me connaissiez : alors, j'étais plein de confiance, j'avais la connaissance des choses, mais j'ignorais les hommes. Je les voyais tels qu'ils se disaient et non comme ils étaient. En un mot je mesurais tout le monde à mon aune. Je fus volé, et n'en dis rien à personne. Je m'aperçus du fait le soir en faisant ma caisse, et le lendemain matin l'argent volé était remplacé par de l'argent emprunté. Un commerçant de l'impasse St-Sébastien, Monsieur Fourès, me prêta trois cents francs, contre billet à ordre ; un commerçant de la rue Richelieu, Monsieur Aigueperse, m'avança 300 francs sur parole. Puis pour pouvoir donner des à-compte à mes créanciers et payer à échéance les effets que j'avais souscrits, afin de pouvoir les renouveler, je me fis ouvrir un crédit par le syndicat, dont faisaient partie les citoyens Bourdon, Camelinat, Chemalé, Clémence, Fournaise, Fribourg, Limousin, Murat, Tolain, Varlin, etc.

Je découvris donc St-Pierre pour couvrir St-Paul.

Voilà, Monsieur, dans quelles conditions je me suis retiré de la direction de la société des doreurs. Voici au surplus pour ce qui est relatif à cette société, quel était son bilan au 31 décembre 1866.

BILAN.

ACTIF.		PASSIF.	
Actif	58,236 75	Capital social	30,000 » »
Pertes	3,604 70	Dettes de la Société	31,844 45
	61,841 45		61,841 45

Et si vous désirez des renseignements plus

détaillés, vous n'avez qu'à vous adresser au greffe du tribunal de commerce où vous pouvez prendre connaissance de l'inventaire et du rapport du conseil de surveillance approuvant mes comptes. Ces documents vous seront communiqués en vertu du paragraphe 2 de l'article 8 de la loi sur les sociétés à « responsabilité limitée, » lequel est ainsi conçu : « Toute « personne a le droit de prendre communica-« tion des pièces sus-mentionnées et même de « s'en faire délivrer une copie à ses frais. »

Du 31 décembre au 10 février, jour de l'assemblée générale, et en morte saison, janvier étant le plus mauvais mois de l'année, les opérations de la société ont été les suivantes.

Travaux exécutés	2,900 » »
Escompte 5 0|0	145 » »
Net	2,755 » »
Frais généraux ; marchandises employées ; main-d'œuvre	2,681 50
Bénéfice	73 50

Les 2681 fr. 50 de frais se décomposaient ainsi :

Droit de timbre sur les sociétés par actions, 0,05 cent. par jour.	2 » »
Assurance contre l'incendie, 40 jours à 0,18 c.	7 20
Concession d'eau, 0,25 cent. par jour.	10 » »
Diverses dépenses comprenant notamment les frais de bureau le blanchissage du linge d'atelier, la nourriture du chien et les appointements du teneur de livres.	21 » »
Consommation de gaz.	30 « »
Impositions, 0,96 cent. par jour.	38 40
Intérêts des fonds empruntés, 3 fr. 29 par jour.	131 60
40 jours de loyer à 4,000 fr. l'an.	438 40
Vinaigre pour brunisseurs.	» 80
1,000 mottes pour la recuisson	4 50
4 kilog. de mat.	5 20
4 kilog. de couleur or moulu	10 » »
2 kilog. de mercure	13 » »
Travaux vernis au dehors.	17 » »
100 kilog. acide sulfurique.	17 » »
Argent, 90 grammes environ	20 » »
2 kilog. de cyanure	21 » »
500 kilog. de charbon de terre.	27 » »
75 kilog. acide nitrique	30 20
5 voies de charbon de bois	51 25
50 grammes or, provenant du bain.	174 » »
50 grammes or, provenant de la lame	174 » »
51 grammes, or allié.	176 45
Main-d'œuvre et direction	1,271 50
Total.	2,681 50

Au moment ou je quittais la direction de la société, et que je rendis mes comptes, la situation se résumait ainsi :

ACTIF.		PASSIF.	
Actif	54,922 » »	Capital	30,000 » »
Pertes	2,384 10	Dettes	27,306 10
	57,306 10		57,306 10

Il m'avait toujours semblé, Monsieur, que lorsqu'un individu avait enlevé les fonds de l'établissement où il était employé, il se sauvait. Or, à l'époque où je me suis retiré de la direction de l'association, j'habitais impasse Saint-Sébastien, n° 6, juste dans la même maison qu'occupaient les ateliers de la société. Je continuai d'y demeurer, et, l'année suivante, en 1868, lorsque je dus me constituer prisonnier avec mes amis Varlin, Combault, Malon, Bourdon, Charbonneau, Landrin, Humbert et Léopold Granjon, — je cite à dessein le prénom de ce dernier, afin que l'on ne le confonde pas avec son homonyme, beau-frère de l'une de vos caméristes, lequel a joué un si étrange rôle dans une certaine affaire sur laquelle je fais toutes mes réserves, — lors, dis-je, que je dus entrer à Sainte-Pélagie où vous êtes venu me voir plusieurs fois, je connaissais une famille d'ouvriers qui habitait un hôtel garni : je leur cédai gratuitement mon logement, afin que pendant les trois mois que les membres de la commission de l'Internationale devaient coucher en cellule, ce ménage pût mettre de côté l'argent qu'il aurait été obligé de donner au maître de garni, et avec cela se mettre dans ses meubles. La chose était d'autant plus pratique que notre détention expirait le 8 octobre, c'est-à-dire, le jour du terme. En 1869, je déménageai, pour aller habiter à côté, au n° 8 de la même impasse et, en 1870, lorsque l'approche des Prussiens obligea les habitants de Puteaux à se réfugier dans Paris, je mis mon domicile à la disposition de la famille Jary, et j'allai en attendant coucher chez un ami. Malon qui habitait sur le même palier que moi, en fit autant en cédant la place à la famille Collet. Oui, Malon, qui avant d'être député à l'Assemblée nationale avait eu comme moi le désagréable honneur d'administrer une association, et qui lui aussi rencontra des calomniateurs, pour l'accuser d'avoir enlevé la caisse de la société. On ne l'a pas encore, que je sache, traité de mouchard. Mais, patience, Bazile n'a pas tout commis le même jour... Enfin, en 1873, à l'époque où je me suis marié, j'habitais encore la même maison, impasse St-Sébastien, n° 8.

D'ordinaire, Monsieur, quand un employé s'est rendu coupable de malversation, on le chasse. Or, j'ai été remplacé dans mes fonctions de directeur le 30 avril 1867, et je suis resté l'occupé de l'association à raison de 42 francs par semaine jusqu'au 1ᵉʳ juin suivant, et je suis VOLONTAIREMENT sorti ayant en poche les copies des procès-verbaux des séances du conseil d'administration des 30 avril et 1ᵉʳ mai, le premier constatant mon remplacement, le second le confirmant ; puis les reçus signés du président du conseil d'administration établissant ma remise des statuts de la société, tels qu'ils avaient été déposés au siége social par Mᵉ Delaporte, notaire à Paris, du bail passé avec le propriétaire, du traité conclu avec le banquier de la sociéte, du livre des actionnaires, des timbres de l'association, etc., etc., en un mot de tout ce que j'avais transmis à mon successeur, et ce, jusqu'aux moindres paperasses qui pouvaient lui être utiles.

Et, enfin, la pièce suivante :

Je certifie que M. Mollin, s'est mis à ma disposition toute la journée et que je n'ai rien à lui reprocher.
Pour l'Association des doreurs et argenteurs sur métaux :
L'Administrateur-Directeur,
TARGET.

Vous voyez, Monsieur, que si j'étais trop confiant quand j'ai pris la direction de l'association, j'étais prudent et prévoyant lorsque je l'ai quittée. Ce serait à croire que ces précautions ont été prises par moi en prévision que quelque drôle m'accuserait de détournements, dix ans plus tard !

Voyons, Monsieur, sérieusement, vous savez très-bien qu'en déblatérant contre moi, comme vous le faites, vous mentez impudemment, car vous savez mieux que qui que ce soit comment j'ai quitté les ateliers de l'association, et si j'entre ici dans des détails, ne croyez pas que ce soit pour vous dissuader. De ma part ce serait déroger que de descendre jusqu'à des explications à votre adresse. Sachez donc une fois pour toutes, que ce n'est pas vous que j'ai en vue, et que les développements qui précèdent comme les éclaircissements qui vont suivre, ne figurent ici que pour renseigner les personnes que sciemment vous avez cherché à tromper, et à qui cette lettre est surtout destinée. A vous je n'ai rien à apprendre, vous savez ce que vous faites et pour quoi vous le faites ; vous agissez donc de parti pris, dans le but de me déconsidérer et de me nuire.

Pour revenir à l'association, je vous rappellerai que vous êtes venu m'y voir dans le courant de mai 1867. Je n'étais déjà plus directeur, et, ce jour là, en présence des personnes qui se trouvaient avec nous dans le bureau, et à qui je fis part des brochures que vous m'apportiez : 1° La *France* et la *Guerre*, par le Dʳ Robinet, 2° La *Réorganisation de l'armée*, par le même, je vous ai expliqué les motifs qui m'avaient fait quitter la direction de la société, et les raisons qui me décidaient à ne pas continuer d'y travailler. Et si la haine n'a pas encore complétement perverti votre mémoire, vous devez vous rappeler que je vous ai dit que les difficultés sans nombre auxquelles un homme consciencieux chargé d'administrer notre société était en butte, étaient de nature à fatiguer l'individu le plus énergique et le plus persévérant. Ne vous ai-je pas raconté qu'ayant toujours suivi la ligne droite sans déroger ni transiger, j'en étais arrivé à mécontenter la majorité des sociétaires qui exigeaient de moi des choses toujours insensées, et souvent contradictoires ; que les associés qui travaillaient à la société se plaignaient que j'étais trop sévère, tandis que ceux qui travaillaient chez les patrons, m'accusaient d'être trop tolérant ? Ne vous ai-je pas encore dit que je n'avais nullement été secondé par le conseil d'administration qui était presque exclusivement composé d'hommes qui, depuis que nous étions débarrassés des tracas de l'installation et des soucis de la formation d'une clientèle, et surtout depuis que la société réalisait des bénéfices, aspiraient tous à être gérants, non, vous disais-je, dans l'intention de faire prospérer l'entreprise, mais tout simplement pour pouvoir faire leur apprentissage de patron aux frais de la société, afin de pouvoir s'établir à leur compte ? Et j'ajoutais, en présence même du nouveau directeur : « Voilà un camarade qui est le quatrième gérant que nous avons depuis le 30 avril. »

Vous me direz que vous ne vous souvenez pas de ce que je vous ai dit ce jour-là, que vous n'avez pas la mémoire fidèle.

Mais, Monsieur, si vous avez perdu l'usage de vos facultés, vous n'avez qu'à vous procurer un certificat apostillé par votre gendre, puis à aller vous faire soigner à Sainte-Anne. Celà sera beaucoup plus pratique : on y enferme bien des personnes qui jouissent de toute leur raison. Vous le savez bien!

Puisque vous m'en fournissez l'occasion, et que la mémoire semble vous faire complétement défaut, je vais vous expliquer en quelques mots ce qui s'est passé à l'association quand j'eus cessé d'y travailler. Je ne ferai là, Monsieur, que vous répéter ce que je vous ai déjà dit bien des fois, et ce que je vous renouvellais encore chez vous le Mardi soir 23 novembre 1875, c'est-à-dire, quatre jours avant d'être incarcéré. Ce jour-là, vous devriez bien vous en souvenir, car je vous ai fait de sévères reproches, et donné d'excellents conseils, mais vous avez ni profité des uns ni suivi les autres. Et ce qui prouverait jusqu'à un certain point qu'il n'y a pas seulement dans votre désorganisation cérébrale disparition de la mémoire, mais aussi et surtout absence de bonne foi, c'est qu'aussitôt que vous avez été prévenu que j'étais entre les mains de la police, et enfermé dans un des cabanons de la cinquième division de la préfecture, section des aliénés, vous avez immédiatement fait circuler sur mon compte le ridicule roman que vous aviez inventé pour les besoins de votre cause, et travesti la conversation que j'avais eue avec vous quatre jours auparavant ! Vous espériez donc, monsieur, nonobstant mes affirmations contraires, me tenir indéfiniment enfermé. Sans quoi vous ne vous seriez certainement pas permis, par crainte d'être démenti lors de ma mise en liberté, de dénaturer aussi effrontément la vérité que vous l'avez fait.

Si vous aviez un peu moins compté sur vos hautes relations, et un peu plus réfléchi à ce que je vous avais dit, vous n'auriez assurément pas commis la sottise de raconter à mes amis que je vous avais tenu un langage

insensé, « que j'avais complétement perdu la
« tête et que je tenais conversation avec vos
« meubles ! » Je vous ai parlé ce jour là,
vous le savez bien, comme j'ai l'habitude de
parler tous les jours, c'est-à-dire, franchement,
sans phrases, et sans détours ; et les reproches que je vous fis ce soir là, je vous les
adresse encore aujourd'hui. Quant aux conseils que je vous ai donnés, vous devez bien
comprendre maintenant que vous auriez pu encore dégager votre responsabilité si vous aviez eu
le bon esprit de les suivre. Pour ce qui est de
votre mobilier, vous avez là, monsieur, imaginé une stupide invention, à laquelle je
dédaigne de répondre.

Mais terminons l'affaire de l'association.

Il est inutile, je pense, de vous dire que
quelque temps après ma sortie des ateliers
de l'association, un de mes successeurs s'avisa
de disposer des fonds de notre société de
résistance à l'insu des intéressés. Vous savez
que les individus qui fournirent les signatures
pour retirer l'argent de chez le banquier,
s'emparèrent d'une certaine partie de la
somme, en s'engageant comme le directeur

à rembourser avant et sans que personne eût connaissance du fait. Chacun sait que l'affaire fut éventée, et que si le directeur remboursa la somme qu'il avait ainsi « empruntée, » ses compères ne se trouvèrent pas en mesure d'en faire autant. Ces faits sont connus de tout le monde, dans leurs moindres détails, puisqu'ils ont été rendus publics, qu'il y a eu jugement et condamnation.

Je dois seulement vous rappeler que les individus complices de ce DÉTOURNEMENT étaient les plus mal notés de notre profession. L'un d'eux avait travaillé à la société dès le début de l'entreprise et était en relations avec la société du prince Impérial, laquelle lui avait avancé le montant de son apport social...

Revenons donc aux opérations de l'association. Je ne vous citerai que deux faits : 1° les comptes soumis à l'assemblée générale de 1870 ; 2° la situation de la société lors de la réunion de l'assemblée en 1872.

Les comptes qui furent soumis à l'assemblée générale du 13 février 1870, établissent qu'en portant au compte des profits, les dix mille francs dont la société venait de faire faillite, et dont elle bénéficiait, la situation était la suivante :

ACTIF.			PASSIF.	
Actif	42,563	60	Capital	30,000 » »
Pertes	444	85	Dettes	13,008 45
	43,008	45		43,008 45

Et, en 1872, lorsque les actionnaires se présentèrent pour assister à l'assemblée générale annuelle, ils trouvèrent l'établissement fermé et ils apprirent qu'une partie de l'outillage et des marchandises avait été vendue, et que l'autre partie avait été emportée à domicile, par ceux-là même qui étaient chargés des intérêts de la société. La réunion dut se tenir chez Monsieur Leuzet, marchand de vins, rue Saint-Sébastien, et là, le directeur nous déclara que tout était mangé, et qu'il était dans l'impossibilité de nous rendre ses comptes. Il fallait en exiger, direz-vous : cela est facile à dire, monsieur ; mais croyez-moi, demander des comptes à des gens qui sont en défaut, c'est absolument comme si vous alliez vous permettre de demander une enquête à Monsieur Robinet.... Puis il faut bien le dire : la plupart des hommes capables d'initiative, et qui n'avaient pas trompé dans les prévarications, étaient plus ou moins compromis politiquement. Et chacun sait qu'à cette époque, la sécurité des citoyens laissait beaucoup à désirer. Ajoutons aussi, qu'il y avait beaucoup d'absents : Hipolyte Wallé etait enfermé dans une maison d'aliénés; François Burnon était sur les pontons; Théodore Lépicier avait été tué, etc.

Nous nous sommes donc séparés, en remettant à des jours meilleurs notre projet d'intenter une action judiciaire. Je m'occupais de cette affaire, d'accord avec Burnon de retour des pontons, lorsqu'en novembre 1875 je fus victime des intrigues dont la responsabilité pèse si lourdement sur vous, comme je me fais fort de vous en faire l'inéluctable démonstration.

Vous voilà donc encore une fois renseigné sur l'historique de cette association qui s'était proposé de supprimer le patronat et qui, en définitive, ainsi que le déclara le citoyen Finance au congrès ouvrier de Paris, donna naissance à 6 nouveaux patrons... : Aveline s'établit faubourg Saint-Antoine; Piot, rue de Bretagne;

Leconte, rue de Beauce, Espinasse, rue du Temple ; Prisset, Passage Saint-Pierre, et enfin Lecoq, qui d'abord s'établit rue Charlot, est maintenant définitivement installé impasse Saint-Sébastien, 6, dans les ateliers même de l'association. Tous les six ont fait partie du conseil d'administration, tous furent plus ou moins longtemps directeurs de la société à l'exception du premier qui était président du conseil à l'époque où je quittai la direction.

*
* *

Il paraît, Monsieur, qu'il ne vous suffit pas de répandre le bruit que j'ai commis des malversations à Paris, mon pays adoptif, vous affirmez encore que j'ai failli à l'honneur à Bourges, ma ville natale.

On m'a parlé de la petite réunion tenue chez vous, où « Escobar » avait jésuitiquement attiré un de mes intimes amis, en présence duquel vous avez répété vos balourdises sur l'association. Ce prolétaire, que de concert avec Escobar, vous cherchiez à vous affilier, vous donna un catégorique démenti ; et, afin de réduire vos inventions à néant, il vous exposa nettement la vérité que vous connaissiez, d'ailleurs, aussi bien que lui, car vous ne péchez pas tout-à-fait par ignorance.

Votre stratagème, n'ayant pas réussi à me déconsidérer aux yeux de mon ami, c'est alors que le chef dissimulé, mais véritable et effectif chef, de la coterie dont Escobar (vous m'entendez bien!) est un des plus fervents adeptes, fit intervenir l'existence de prétendues lettres, soi-disant trés-compromettantes pour mon honorabilité. Ce sont, parait-il, ces lettres imaginées pour le service de la cause, qui établiraient la preuve du fait que vous avez inventé relativement aux malhonnêtetés dont je me serais rendu coupable à Bourges.

Cette ruse ne réussit pas davantage. On avait pas, ce soir là, affaire à un acéphale : le gaillard flaira le piége qui, m'a-t-il dit, lui avait paru fort grossier.

Ce qui prouve, Monsieur, qu'à part les imbéciles et les gens mal intentionnés, votre propagande n'a aucunement chance de réussite : cela devrait vous donner à réfléchir et arrêter un peu votre prosélytisme.

Eh bien! non! car à quelque distance de là, vous recommenciez la même tentative auprès d'un chef industriel de mes amis. La chose se passait dans un café, qu'au besoin je pourrais vous citer; vous étiez comme de coutume flanqué de votre inséparable acolyte.

Dans cet établissement, vous avez ouvertement attaqué mon honorabilité....

Vous avez même soutenu qu'une personne notable de Bourges vous avait adressé deux lettres explicatives des faits coupables, que suivant vous et les gens qui vous suivent ou qui vous poussent, j'y aurais commis; vous auriez reçu ces lettres antérieurement à mon mariage, par conséquent, en 1872, puisque je me suis marié le 2 janvier 1873.

Mais, Tartufe, il n'y avait pas cinq minutes que vous veniez de me quitter lorsque vous vous êtes attablé avec mon ami dans le café en question ! Et vous aviez été avec moi, comme toujours, d'une politesse obséquieuse !

Je vous mets au défi, au surplus, de produire ces fameuses lettres et d'en désigner l'auteur.

Que conclure ? sinon que vous les avez inventées vous-même, où que quelque roué de votre entourage s'est amusé de votre crédulité?

Comment pourrait-il se faire autrement que, possédant contre moi tant et de si mauvais renseignements, vous ayiez continué nos relations intimes? Comment se fait-il que vous n'ayez commencé à parler de ces lettres prétendues et de l'association qu'à partir du moment où j'ai réclamé une enquête? Comment se fait-il que vous ayez pris tant de précautions pour que vos propos insultants ne me fussent pas répétés?

Tout ceci est, et restera très-louche...

Si vous avez besoin de renseignements sur mon compte, que ne vous adressez-vous au maire de Bourges, à M. Eugène Brisson, qui, vous le savez bien, me connait personnellement?

M. Eugène Brisson est à même, mieux que personne, de vous édifier sur moi et sur ma famille. Il vous dira notamment que mon bisaïeul, l'un des rares athées de l'époque, fut arrêté pendant la réaction thermidorienne; que vingt ans après, Charles Mollin, son fils, fut également persécuté et que son arrestation est restée légendaire dans le pays. Ces souvenirs vous attesteront, Monsieur, que, quoi que vous en disiez, mon républicanisme et mon athéisme ne datent pas d'hier. C'est dans le sang, et bon chien chasse de race !

Si vous aviez puisé vos renseignements à la source que je vous indique, vous auriez appris aussi que quand les enfants Devaux furent privés de leur père et de leur mère, mon frère aîné adopta le plus jeune des quatre orphelins, lequel a aujourd'hui 13 ans, et a été élevé comme ses propres enfants, recevant la même instruction et la même éducation qu'eux. Je sais bien que certaines personnes se plaignent de la façon dont Louis Mollin élève ses enfants. Je sais qu'on lui reproche de ne pas les envoyer à confesse et de ne pas leur faire faire leur première communion.

Mais tout cela ne l'empêche pas de jouir de la considération de ses concitoyens.

La meilleure preuve, c'est qu'ils ont renouvelé trois fois son mandat au conseil municipal, et que ses collègues audit conseil l'ont choisi comme délégué sénatorial...

Que voulez-vous, Docteur ! Vous aurez beau faire, la qualité de libre penseur, n'implique pas forcément aux yeux de tous, celle de « voleur » ou de « mouchard » ! Le cléricalisme, au contraire, semble en baisse ; il laisse droit de cité à la liberté de conscience.

Il est vrai qu'il y a des médecins positivistes qui marient leur fils à l'église ; mais, en revanche, nous connaissons des curés qui se font enterrer civilement. Je citerai, pour mémoire, M. l'abbé Larroque, curé d'Ecardeuville, (Seine-Inférieure), mort en 1870, et cet autre curé, décédé il y a quelques mois, dans le département de l'Aube, et dont la presse cléricale a fait si grand tapage.

Cela fait compensation !

Que ne vous adressiez-vous encore, à Paris, aux patrons chez qui j'ai travaillé ? Aucun, j'en réponds, n'aurait fourni de mauvais renseignements, pas même celui que j'ai traduit devant le Conseil des Prud'hommes, et fait condamner, par un jugement à la date du 8 février 1864, à 150 francs de dommages intérêts... Tout ce qu'ils auraient pu vous dire de plus défavorable, c'est que je n'ai pas l'échine souple : je m'en flatte !

En outre des chefs industriels, il y avait

aussi des personnes appartenant aux classes libérales qui vous pouvaient fournir des références.

Je citerais entre autres le citoyen Henri Carle. Celui-là pourrait vous apprendre, M. Robinet, que je faisais partie, en 1861, de cette phalange de travailleurs, qui, après avoir passé la journée à l'atelier, étudiaient le soir la philosophie sous la direction d'un professeur dont ils payaient bel et bien les cours. Notre but était d'acquérir les connaissances ontologiques à l'aide desquelles les classes dirigeantes nous font croire à leur supériorité.... Il y avait là Bedouche, cordonnier; Betout, tailleur ; Combe, courtier en librairie; Guillermet, menuisier ; Joubert, menuisier ; Lauer, ciseleur ; Pauperet, tailleur ; Rivoire, menuisier ; Sauva, tailleur ; Antide Thomas, marbrier ; etc., etc,

*
* *

Mais vous ne teniez pas à être si bien renseigné sur mon compte.

La vérité, voulez-vous que je vous la dise? Eh bien ! toutes les calomnies répandues sur moi, ont été imaginées dans le but de me déconsidérer par avance, et d'enlever ainsi toute portée à l'enquête que je réclamais, et qui aurait fait tomber certains masques...

Mais quelles sont donc les causes *premières* de cette haine furieuse contre un républicain qui n'a commis d'autre crime que de professer des convictions solides et d'y conformer sa conduite?

Examinons!

Serait-ce, comme certaines personnes le prétendent, parce que je ne me suis pas marié à l'église? Serait-ce surtout parce que, avant le mariage de votre fils avec la fille de M. Castelnau, officier d'Académie, je me suis permis de vous dire, au nom de nos amis que s'il était vrai que votre garçon se mariât à l'église, contrairement à votre volonté, vous deviez, pour nous prouver que vous n'étiez pas de connivence, ne lui accorder votre consentement qu'après vous être fait faire des sommations?

Vous avez promis beaucoup plus et vous avez fait beaucoup moins....

En paroles, vous êtes l'homme le plus

avancé, mais en action, nous savons par expérience à quoi nous en tenir.

Ce mariage causa au sein de la famille positiviste, la plus vive émotion. Je n'en veux citer d'autres témoignages, que les deux lettres suivantes, que je reproduis intégralement.

Paris, 23 Homère 86 (20 février 1874.)

Mon cher ami,

X... est venu me trouver hier soir pour m'informer d'une grave nouvelle (1), au sujet de laquelle nous avons convenu de nous entretenir demain samedi, avant l'arrivée de tout le monde, de 7 h. 1|2 à 8 h. 1|2, chez moi.

Mille amitiés.

MONIER,
52, rue Vavin.

Paris, le 1er Aristote 86 (26 février 1874.)

Mon cher ami,

J'ai causé hier longuement avec M. Laffitte, et il nous convoque pour dimanche, *nous quatre*, après le cours.

Notre appréhension était fondée et M. Laffitte est loin de voir les conséquences de l'acte (2) en question, de la même manière que nous. Selon lui, tout ce qui était possible a été fait et notre intervention est abusive.

Je persiste à penser, au contraire, que le possible n'a

---

(1) C'était précisément le mariage en question qui était la *grave* nouvelle.
(2) *Idem.*

pas été fait par les personnes directement intéressées, et que nous devons les pousser à une détermination énergique.

M. Laffitte m'a parlé de convoquer aussi M. Magnin. Qu'en pensez-vous ?

Voyez, avant, de quel côté il se range, et essayez de connaître son opinion avant qu'il soit informé de celle de M. Laffitte. Peut-être M. Magnin juge les choses comme nous...

L'erreur de M. Laffitte me semble résulter :

1° D'une disposition bienveillante facile à comprendre de sa part ;

2° Le principal acteur est, selon lui, trop faiblement positiviste, et il ne juge pas assez sévèrement cet acte émané simplement de préoccupations égoïstes, sans faire intervenir les considérations mêmes familiales ;

3° Enfin, M. Laffitte ne croit pas à l'effet désastreux parmi nos nouveaux amis de cette fatale concession.

Venez donc, si vous le pouvez, demain soir, un peu avant l'heure.

Mille amitiés.

MONIER.

C'est sans doute à cause de mon intervention dans cette affaire, où vous n'aviez pas le beau rôle, que vous m'en voulez tant !

Quels que soient, au surplus, les motifs qui vous ont déterminé, vous vous êtes acharné impitoyablement contre moi.

Si encore, pour assouvir votre haine, vous ne vous étiez attaqué qu'à moi, ce ne serait rien : un homme peut toujours se défendre;

Mais c'est mon enfant que vous avez frappé !

Il se portait admirablement bien avant qu'à mon insu vous ne vous fussiez immiscé dans mes affaires de ménage, et le voilà aujourd'hui infirme pour le reste de ses jours !

．＊．

Voilà donc ce qu'on trouve derrière vous après que vous avez passé ! un ménage désuni, la femme déshonorée et l'enfant estropié.... Je ne parle pas du mari....

Vouliez-vous donc permettre à vos confrères en soutane, de dire du haut de leur chaire, avec preuves à l'appui, que ceux qui se retirent de l'Eglise sont maudits du Très-Haut? que dans les malheurs qui m'ont accablé, il faut reconnaître le doigt de Dieu ?

Ah ! ce n'est pas le doigt d'un Dieu fantastique, qu'on trouve là-dedans, et je me fais fort d'y montrer à la place la main d'un jésuite !

Pour commencer l'œuvre, on attaque le côté faible, c'est-à-dire la femme : le jésuitisme ne procède jamais autrement.

Pour accomplir ce haut fait, le personnel

dont vous disposiez, ou qui jusque-là avait disposé de vous, était insuffisant. Il fallut le compléter.

Vos satellites s'abouchèrent avec ce qu'il y avait de plus méprisable dans ma profession et notamment.... Mais je ne veux nommer personne. Il vous suffira de comprendre que je suis renseigné. On s'assura ensuite le concours de ma concierge. Je passe les autres rôles sous silence, car je dois conserver sur la planche des arguments inédits pour le moment de l'enquête. Néanmoins, je pourrais signaler encore certains bonapartistes....

L'escouade ainsi composée, saoulant les uns, graissant la patte aux autres, on entreprit le siège en règle. Pour capter ma femme, on lui raconta que l'on possédait les plus mauvais renseignements sur mon compte, tant à Bourges qu'à Paris, et on alla jusqu'à lui dire que sa situation était comparable à celle de Madame Clotilde de Vaux; or, si je ne me trompe, madame de Vaux avait épousé un galérien !!!

.*.

Voilà les procédés honteux que l'on employa pour détourner une femme de son devoir. On l'engagea au secret le plus absolu relativement à ces amicales confidences, afin, disait-on, de lui éviter d'autres désagréments. On lui suggéra l'idée de quitter son mari. Mon ménage fut momentanément troublé, mais l'harmonie se rétablit assez promptement. J'ignorais l'existence de ces intrigues, car toutes ces menées s'opéraient pendant que je courbais le dos à l'atelier, afin d'élever honorablement ma famille, et ma femme, qui avait foi à toutes ces choses infâmes, croyait faire un réel sacrifice en restant fidèle. On l'obséda à nouveau et cette fois, on chercha à l'épouvanter, on lui parla au nom de la science, comme les jésuites noirs parlent au nom de Dieu. On lui assura que *sa vie était en danger,* que tous les docteurs avaient constaté que son mari deviendrait fou, *et que le caractère de sa folie le porterait à tuer sa femme.*

On lui fit comprendre qu'en quittant son ménage elle obtiendrait l'appui *matériel* accordé à madame Granjon et à sa sœur, qui depuis que le chef de famille est mort, sont dans une position enviable ; bref, on chercha à paralyser ce qu'il y avait en elle de la véritable femme, pour y développer les appétits qui constituent la courtisane.

La malheureuse tomba dans le piége, fit cause commune avec les ennemis politiques de son mari, joua un mois la comédie, donna quelques coups de canif dans le contrat, et le 8 novembre 1875, profitant de mon absence, elle abandonna le domicile conjugal.

Le 1er décembre suivant, j'entrais à l'asile Sainte-Anne, après avoir subi durant quatre jours à la Préfecture de police et à l'Admission des traitements tels, que sur cent individus, quatre-vingt-quinze seraient devenus réellement fous. Il est vrai que pendant ces quatre longs jours, j'étais placé sous votre bienveillante protection ! J'en ai eu la preuve : le docteur Magnan, médecin de l'Admission, m'a déclaré, en effet, que vous lui aviez écrit et *que les renseignements que vous lui fournissiez, ne lui permettaient pas de me rendre à la liberté.*

Aussi m'envoya-t-il à Sainte-Anne, conformément à votre réclamation.

Il fallut se résigner.

Comme vous ne connaissiez pas le médecin de Sainte-Anne, M. le Dʳ Dagonet, vous avez adressé immédiatement une lettre de *recommandation* à son interne.

Mais ce jeune homme avait, parait-il, été remplacé. C'est à cette circonstance que je dus d'être enfin débarrassé de votre protection.

Il n'y a point de calembredaines que vous n'ayez inventées et colportées relativement aux circonstances et aux particularités de mon arrestation. Je voudrais pouvoir répondre à toutes, et, en soi, ma justification serait, je vous le jure, extrêmement aisée. Mais il y a une autre difficulté. En réalité l'accusation n'a point de corps ; elle ne tient pas debout... Vos déclarations ne se suivent pas plus qu'elles ne se ressemblent. Elles ont varié d'une personne à une autre ; souvent même vous avez débité au même individu les choses les plus contradictoires. Votre langage se modifiait sans doute selon qu'il y avait plus ou moins de chances pour me tenir indéfiniment en chartre privée, ou, tout au contraire, pour être obligé de me relâcher !

Dans de semblables conditions, une réfutation intégrale n'est pas possible. On perd pied dans ce flot de sottises. Je devrai donc me contenter d'exposer les principaux faits, en attendant que je livre à la publicité le récit détaillé de cette ténébreuse affaire.

* * *

Précisons bien les faits, les dates, les lieux; ce sont tous ces détails, sans importance apparente, qui donnent à une affirmation le caractère d'une véritable authenticité.

Entre le départ de ma femme et mon arrestation, il s'est écoulé trois semaines; je précise : la désertion eut lieu le 8 novembre 1875, et je fus incarcéré le 27 du même mois.

Que s'est-il passé durant ce laps de temps? Voyons les choses par le menu et *ab ovo*.

Le dimanche 7 novembre 1875, les prières publiques « constitutionnelles » avaient lieu à Notre-Dame. On y suppliait Dieu de ne pas trop parcimonieusement mesurer l'intelligence politique à MM. les Députés : c'est là une denrée dont on n'a jamais trop, n'est-ce pas, Monsieur Robinet? J'assistais avec ma femme au cours de philosophie de M. Pierre Laffitte. A la sortie, madame Mollin fut entourée par les dames qui composent votre clan, Monsieur le Docteur, et je me souviens nettement que la femme de l'ex-sous-officier corse Vincigara l'invita à l'aller voir..... Premier point.

Le lendemain, je me rendis à mon travail à l'heure habituelle, 6 h. 40. Lorsque je rentrai le soir pour dîner, à 6 h. 20, ma femme était ABSENTE, et à la disparition de certains objets, je compris qu'elle avait *abandonné* le domicile conjugal.

Comme l'esprit humain est porté à faire d'abord les suppositions les plus simples, en conformité des renseignements qu'il possède, je supposai naturellement que mon épouse était partie chez ses parents : entre parenthèses ce sont des bonapartistes assez militants pour recevoir des invitations aux messes dites pour le repos de l'âme de Napoléon III. Je fis l'inspection des objets restants, et je reconnus qu'à part un seul objet, tout ce qui avait été enlevé était d'utilité commune ou destiné à mon usage personnel. Je cite des exemples significatifs : on avait emporté les parapluies et laissé les ombrelles... on avait enlevé l'édredon et le dessus du lit et laissé le berceau de mon enfant. On avait emporté mes chemises, mais on avait étalé des chemises de femme dans la chambre à coucher. Bref, ma femme avait laissé des choses dont elle avait journellement besoin, tant pour elle que pour son enfant. Après cette constatation, je me posai cette alternative : ou elle est allée chez ses parents, et elle reviendra pleurnicher pour que je la reprenne dès qu'ils auront englouti le produit de la vente de mon ménage, dont ils espèrent pouvoir enlever le reste demain ; ou bien elle est partie avec un galant qui ne s'embarrassera pas longtemps d'une *femme mariée* et d'un gamin et, dans ce cas, la coupable cherchera à se réinstaller au domicile pendant mon absence.

Prenons donc, me dis-je, des précautions de nature à parer aux éventualités pouvant résulter de l'un et de l'autre cas.

J'allai donc acheter une vrille, deux pitons et un cadenas. Comme je rentrais, la concierge me remit la clef de ma femme. Cette vieille pieuvre, véritable sangsue des bureaux de bienfaisance, qui, par sordidité, couche dans les draps que lui fournit l'Assistance publique, était complice, j'en ai eu toutes les preuves plus tard. « Vous pouvez tout déménager, avait-elle dit, je tiendrai ma porte close et serai censée ne rien voir... » Sur mes interrogations, cette portière vénale me déclara, avec la papelardise qui caractérise les gens d'église, qu'elle ignorait la fuite de ma femme; elle fit même l'étonnée et m'affirma avoir reçu la clef d'une personne qui lui était inconnue.

La restitution de cette clef me fit penser que l'on devait avoir un autre moyen de s'introduire chez moi, et que ce n'était là qu'un stratagème destiné à détourner mes soupçons.

Je retournai donc chez le quincailler chercher deux autres pitons et un deuxième cadenas, dont la clef n'irait pas au premier et *vice versâ*, et je dis à ma concierge : « Je vais
« passer tout ce qui se trouve dans la cuisine
« et dans la salle à manger dans les autres
« pièces; je tiendrai la porte de la chambre à
« coucher fermée à clef en y ajoutant deux
« cadenas, et si vous laissez ouvrir cette porte,
« soit par un serrurier, soit par une autre
« personne, je vous rendrai responsable des
« objets enlevés et j'en retiendrai la valeur
« sur le prix du loyer. » Je lui remis ensuite la

clef de la porte d'entrée en lui recommandant de ne la remettre qu'à ma femme. « Si elle « revient, ajoutai-je, vous lui direz qu'il y a « une chaise dans la première pièce où elle « pourra s'asseoir en m'attendant, que vous « avez ordre de ne pas la laisser entrer plus « loin. » C'était bien naturel : je ne voulais pas la recevoir avant d'avoir des explications, sur les motifs de son scandaleux départ, et sur l'emploi de son temps.

Après avoir posé lesdits pitons et constaté la régularité de l'opération, je commençai le déménagement. Au moment où j'allais prendre le filtre, je m'aperçus qu'il était plein de café. Bonne affaire ! Mais, au moment où je me disposais à faire chauffer ce café providentiel, je réfléchis que la veille au soir il n'y avait pas de café dans le filtre, et je me demandai pour qui il avait pu être fait. « Si, me disai-je, c'était « pour les gens qui ont opéré le transport « clandestin d'une partie de mon mobilier, ils « l'auraient bu. Si c'est pour moi, il me semble « singulier que ma femme ait pris la peine d'un « pareil soin, puisqu'elle ne m'a pas préparé « à souper. » Contrairement à l'habitude, le sucrier était sur la table... C'était engageant: je suspendis mon train-train et me mis à réfléchir un instant. Une idée horrible me passa par la tête; j'eus un frisson. « Ma femme, « me dis-je, est incapable, après avoir commis « un pareil acte, de s'être mise en frais pour « moi. »

Je conclus donc que ce café avait été mis dans le filtre à l'insu de ma femme par quelque personne bienveillante qui voulait probablement procurer quelque consolation à un malheureux mari minautorisé. Je me dis : « La prudence étant la mère de la sûreté, mettons ce café-là sous séquestre, et qui vivra verra... » Puis je terminai tranquillement mon déménagement. Après quoi, je redescendis chez ma concierge et, devant sa fille qui était rentrée, je questionnai de nouveau, en commençant par la fille, et je fus convaincu, par les contradictions avec la conversation précédente, qu'elles étaient complices. Je feignis l'ignorance et refis mes recommandations, leur disant qu'il était impossible d'entrer chez moi sans qu'elles s'en aperçussent, puisque mon logement est immédiatement au-dessus du leur. J'ajoutai que, devant à partir du lendemain travailler jusqu'à huit heures, je rentrerais tous les soirs à huit heures vingt minutes, de quoi il fallait prévenir les personnes qui pourraient venir me demander.

Mes précautions ainsi prises, je me couchai. J'allai le lendemain à l'atelier comme à l'ordinaire, ne disant absolument rien à personne de ce qui m'était arrivé, mais sans en avoir l'air, j'observais tout avec la plus scrupuleuse attention.

Je me souvenais de cette sentence de SÉNANCOUR : « *L'énergie dans les peines est meilleure que l'apathie dans les voluptés.* Aussi, rien dans mes allures ne trahissait la profonde affliction que m'avait causée ce fatal événement que je considérais comme les préliminaires d'une coupable entreprise, le commencement d'exécution d'un abominable projet dont je devais m'appliquer à découvrir l'odieux personnel, afin d'en déjouer les misérables desseins.

Je fis, dans mes six jours, sept journées un quart de travail.

Vous estimerez, sans doute, Monsieur le Docteur, que tous ces détails rétrospectifs de comptabilité ouvrière n'ont rien de bien particulièrement intéressant... Tel n'est point mon humble avis, et je tiens absolument à les produire, ne fût-ce que pour édifier l'opinion publique, notre juge commun, sur les bizarres caractères de la folie dont, à vous entendre, je subissais déjà les atteintes. Singulier fou que celui qui, dans sa semaine, malgré une douloureuse catastrophe domestique, trouve le moyen d'abattre ses sept journées un quart !

C'était sans doute la *monomanie travailleuse* dont je souffrais, n'est-ce pas, Docteur ?

Je me souviens encore, ne vous en déplaise, d'autres particularités non moins topiques. Je me garderais bien de les laisser dans l'ombre.

Le mardi 9, *le lendemain même du départ de ma femme*, on vit arriver dans notre atelier quelqu'un qui vous touche d'assez près, puisqu'il est l'ami intime et le confident du beau-frère de l'une de vos... caméristes... J'ai déjà parlé plus haut de ce personnage, à propos de notre société de résistance... Mais passons. Il venait pour s'embaucher avec nous. Il devait commencer après déjeuner, mais il ne vint travailler que le jeudi matin 11 novembre ; il travailla le vendredi et ne parut pas à l'atelier le samedi... Vous voyez, je précise ! Le vendredi soir il déclarait à un doreur de mes amis, qui, entre parenthèses, le tança d'importance, *qu'il n'était entré chez Pinard et Goener que dans le but d'en faire renvoyer quelqu'un.*

Aussi quittâ-t-il la maison volontairement le samedi, 27 novembre, *jour de mon arrestation.*

Sa mission était accomplie !

Insistons encore sur les faits qui se sont passés cette première semaine.

Plusieurs pièces de bronze, dont quelques-unes complétement dorées, disparurent de l'atelier. Or, sachez, pour votre gouverne, que s'il arrive quelquefois dans notre métier d'égarer des pièces, en revanche, on les retrouve toujours, soit dans les cendres, soit dans les sciures. Les morceaux qu'on ne retrouve pas sont ceux que l'on oublie dans l'eau-forte, ce qui arrive rarement, et, encore, les retrouve-t-on avant qu'ils soient entièrement rongés, mais ces pièces-là ne sont pas dorées... Jamais il n'était arrivé d'accident semblable dans l'atelier. Cela me fit ouvrir l'œil. Il n'y avait pas à en douter : ces objets avaient été soustraits, mais non dans un but de lucre, puisque ces choses n'ont aucune autre valeur vénale que le prix du cuivre. D'un autre côté, le voleur ne pouvait pas s'en servir pour son usage personnel, puisque ces pièces étaient isolées. Tout le monde comprendra désormais que ces objets avaient été soustraits dans un tout autre but que d'en tirer profit pécuniaire... Ajoutons qu'on ne peut vendre de pareilles choses sans se compromettre. On avait dû plutôt les détruire ou les faire disparaître d'une manière quelconque... Dans quelle intention ? c'est peut-être facile à deviner.—Je dus, dans tous les cas, me féliciter des précautions que j'avais prises en tenant mon domicile pour ainsi dire sous scellés pendant mon absence, car je suis autorisé à supposer qu'on aurait pu introduire chez moi quelque objet de l'atelier, et me mettre dans une situation difficile, peut-être même me déshonorer !...

Mais poursuivons notre enquête.

Le samedi 13, — notons bien ceci, — votre ami, monsieur Robinet, ne travailla pas, et ce jour-là, le patron constata la disparition d'un outil. Il se plaignit alors — et sur un ton excessivement vif — que depuis quelque temps beaucoup de choses n'avaient pu être retrouvées. En parlant ainsi, il regardait fixement tous les ouvriers; j'en faisais autant.

Un jeune homme que je pourrais nommer changea de figure. Il avait, une heure auparavant, recommandé, si quelqu'un venait le demander, de dire qu'il n'était pas là. Je dois ajouter que le lundi précédent ce jeune homme ne travailla pas et qu'il s'était *rencontré* avec *l'autre* — votre ami par ricochet— il vint ce jour-là à l'atelier un peu avant l'heure du déjeûner, et il y reparut le soir dans un état complet d'ébriété.

Oh! j'ai bonne mémoire, allez, Docteur! Vous le verrez encore mieux plus tard, au cours de l'enquête que je provoque, ou bien à la lecture du mémoire plus complet que je prépare. On saura alors quel rôle... singulier ont joué certains ouvriers de ma profession dans toutes ces intrigues infâmes... Je me contente pour le moment de consigner ici une partie des observations que je faisais à part moi jour par jour.

Reprenons notre narration.

Une fois le patron sorti, j'interrogeai Eugène Dijon (je puis bien le nommer, après tout !) sur sa pâleur subite et sur les motifs cachés qui l'avaient incité à faire répondre qu'il n'était pas là aux personnes qui pourraient venir le demander.

Mes questions semblèrent le troubler et le satisfaire ; il me répondit dans une attitude à la fois craintive et confiante qu'*il avait peur d'être arrêté...*, qu'on l'avait *enivré* et qu'alors on lui avait fait dire toute espèce de mensonges et de calomnies *sur un camarade d'atelier*. On avait depuis voulu lui faire répéter cette leçon à jeun, mais il s'y était refusé et on l'avait alors menacé de le faire arrêter..... Je me bornai à lui répondre froidement qu'il n'avait rien de semblable à redouter s'il n'avait pas fait autre chose de plus grave.

*
* *

Mais l'intrigue se compliquait étrangement :
Le dimanche 14, à la sortie du cours de

M. Laffitte, j'appelai à part MM. Laffitte, Monier, Kin et Laporte. Je tenais à leur raconter le départ de ma femme et à leur exposer ce dont étaient capables certains membres de sa famille, avec pièces à l'appui... Mon but était de les prévenir, afin qu'aucun positiviste ne se laissât envelopper dans ces machinations. J'ajoutai, au surplus, pour leur complète édification, que mon intention était de reprendre mon enfant et de laisser la femme libre de faire ce que bon lui semblerait.

Après cette exposition, qui dura environ vingt minutes, j'interrogeai mes auditeurs.

M. Monier fut fort surpris de ce qui m'était survenu, et M. Laffitte me parut en être très-contrarié.

Laporte nous déclara être instruit de certaines particularités permettant de prévoir cette aventure ; s'il ne m'en avait pas encore prévenu, comme c'était son intention, c'est qu'il ne croyait pas que le fait se serait produit aussi inopinément.

Quant à Kin, il nous apprit que madame Mollin, avec laquelle il s'était trouvé le matin, habitait chez l'un de ses beaux-frères, rue de

Flandre, 3, où il devait aller le soir même donner à ma femme certains renseignements qu'elle réclamait de lui.

Je pris acte de ces déclarations.

Le lundi 15, j'apprends que Eugène Dijon avait été arrêté et conduit à la maison d'aliénés de Ville-Evrard!!!

Le mardi 16, j'écrivis à Laporte et lui donnai rendez-vous pour le lendemain rue de l'École-de-Médecine, 23. Il vint à huit heures trois quarts, j'étais en train de dîner; après avoir causé un instant, il fut convenu qu'il reviendrait en sortant de la réunion de la rue Monsieur-le-Prince; il revînt, en effet, avec Monier et Kin, et, avant de nous séparer, il me donna rendez-vous, pour le dimanche suivant, rue Hautefeuille, 21, à quatre heures du soir. J'accompagnai ensuite Kin jusqu'au faubourg Saint-Martin, et je le questionnai sur le résultat de l'entrevue qu'il avait eue avec ma femme le dimanche précédent; mais il prétexta de son absence de mémoire pour éluder la question. Cela ne me surprit pas, car je savais que vous l'aviez inféodé à votre dynastie et qu'il était du nombre de ceux que vous exemptez pour prix de leur servilité, soit des frais de consultations médicales, soit des dépenses pharmaceutiques, ce qui, du reste, est assez facile, quand, comme chez vous, le père et le gendre sont médecins et le fils apothicaire.

Si je consigne dans cet espèce de journal toutes ces allées et venues, en apparence insignifiantes, c'est pour faire appel aux souvenirs de toutes les personnes qui m'ont vu continuellement pendant ces trois semaines. Je puis leur demander à présent : *En bonne conscience, avais-je donc l'air d'un fou?*

Le vendredi 19, je n'allait pas à l'atelier, je restai chez moi pour mettre mes papiers en ordre. Ce fut au cours de cette opération que je mis la main sur les pièces constatant les engagements contractés par ma femme envers la société du prince impérial.

Le dimanche 21, je passai toute la soirée avec Laporte, depuis 4 h. jusqu'à 11 h. 1[2, excepté cependant l'intervalle d'une heure vingt minutes qu'il allat passer chez vous, comme vous devez vous en souvenir !

Le mardi soir 23, je retournai chez Laporte, et j'eus encore avec lui une longue conversation, mais j'eus soin de ne faire aucune allusion à l'arrestation de Dijon, pas plus qu'aux pièces disparues de l'atelier... La veille, je lui avais manifesté le désir d'aller chez les parents de ma femme afin de voir mon enfant. M. Laporte me conseilla de n'en rien faire. « Tout était arrangé, à l'en croire : *ce n'était plus l'affaire que de quelques jours.* Si j'allais chez les parents de ma femme, *je gâterais tout.* » Cela ne me satisfaisait guère. Je voulais, en effet, coûte que coûte, voir mon enfant. Je tenais de Laporte, lui-même, qu'il était malade; il était confié, paraît-il, aux bons soins curatifs de M. le docteur Robinet.

C'est ce qui me décida à aller vous rendre visite ce soir-là même, Monsieur le Docteur, et Laporte m'y engagea fortement et tenait absolument à m'y accompagner. Je me hâte d'ajouter qu'il ne voulut pas rester en tiers avec nous deux : il avait chez vous d'autres chats à fouetter et le mot d'ordre sans doute à recevoir...

Voici à peu près textuellement notre courte conversation.

C'était, ne l'oublions pas, le mardi 23, quatre jours avant mon incarcération. Comme me l'avait dit Laporte, ce n'était plus l'affaire que de quelques jours... Ainsi, pendant qu'on cherchait à me faire croire qu'on s'occupait de la réconciliation, on faisait de l'autre côté croire à ma femme que j'allais devenir fouet on lui défendait d'aller me voir !!! Comment appelle-t-on cette duplicité, monsieur le Docteur?

Voici donc notre entretien :

Robinet. — Eh bien! qu'est-ce qu'il y a, monsieur Mollin?

Mollin. — Je l'ignore! Mais, comme je sais que ma femme vient continuellement chez vous, je crois que c'est plutôt à moi qu'il appartient de vous demander des renseignements.

D'abord, comment va mon enfant? j'ai appris qu'il était malade.

R. — Ah! il n'y a rien de dangereux : vous pouvez vous tranquilliser de ce côté. Quand aux renseignements que vous me demandez, que voulez-vous que je vous dise?

M. — Ce que vous savez.

R. — Dame! je ne sais rien. Madame Mollin est venue me demander un certificat pour obtenir sa séparation...

M. — Quel jour?

R. — Je ne sais pas, mais je vous le ferai savoir : je l'ai écrit.

M. — Comment ! vous ne le savez pas ! vous ne vous rappelez pas si c'est un lundi, un mardi ou un mercredi ? Il n'y a pourtant pas longtemps de cela.

R. — Que voulez-vous que je vous dise ?

M. — Dites-moi quel jour madame Mollin est venue vous demander ce certificat !

R. — Je chercherai et je vous le ferai savoir : que voulez-vous que je vous dise de plus ?

M. — Puisque vous ne savez pas quel jour ma femme est venue, vous devez vous rappeler au moins ce qu'elle vous a dit ?

R. — Oui, assurément.

M. — Quelle était la nature du certificat qu'elle vous demandait ?

R. — Elle m'a dit qu'elle avait des témoins à la Villette qui pouvaient affirmer que vous l'aviez frappée, et elle me demandait un certificat constatant qu'elle avait des marques de coups.

M. — C'est singulier ! j'habite le Ve arrondissement, et on va chercher des témoins au XIX⁰.

R. — Que voulez-vous que je vous dise? monsieur Mollin.

M. — Ma femme avait-elle réellement des marques de coups?

R. — Oui.

M. — Eh bien! si madame Mollin portait des marques de coups, elle les avait reçus d'autres que de moi. Tout le monde a pu la voir, la veille de son départ, au cours de M. Laffitte; votre femme et vos filles lui ont parlé. Vous voyez, monsieur Robinet, quelle est l'importance des dates. Cherchez donc dans vos paperasses, nous allons être fixés de suite.

R. — Je ne sais pas où j'ai mis cela; je chercherai et soyez certain, je vous le ferai parvenir.

M. — Mais où étaient les marques des coups qu'elle a reçus?

Ici, M. Robinet prit son poignet gauche dans sa main droite et dit : « Là, au poignet. »

M. — Mais ce n'est pas sérieux, ce que vous

me dites-là; je croyais qu'il s'agissait de marques résultant de coups. Avez-vous fait ce certificat?

R. — Non, j'ai conseillé à votre femme de ne pas vous attaquer en séparation, lui disant que ce serait vous faire peut-être un tort irréparable, et, dans tous les cas, vous exposer à toutes sortes de tracas et de peines. Elle m'a répondu : « Pour tout l'or du monde, je ne voudrais pas qu'il lui arrivât de désagrément. » Elle ajouta que si elle n'avait pas d'enfant elle irait se jeter à l'eau.

M. — Tout ceci n'est que de la comédie. Je suis maintenant suffisamment renseigné, et je sais à quoi m'en tenir sur votre compte.

R. — Que voulez-vous que je vous dise? Madame Mollin m'a dit que pour tout au monde elle ne voudrait pas qu'il vous arrive de désagréments.

M. — Je vous répète que je suis fixé.

R. — Elle m'a dit également : « Si je n'avais
« pas d'enfant, je me jetterais à l'eau. Je vais
« aller chez ma sœur, mais, encore une fois,
« je ne voudrais pas qu'il lui arrivât de désa-
« grément! » Je lui ai dit : « Allez chez votre

« sœur ! » Que vouliez-vous que je lui dise de plus ?

M. — Vous deviez lui dire de réintégrer le domicile conjugal, et, si elle s'y refusait, la mettre à la porte de chez vous et me prévenir de ses dispositions.

R. — Elle m'a dit : « Pour tout au monde « je ne voudrais pas qu'il lui arrivât de désa- « grément, mais comme il m'est impossible de « vivre avec lui, je vais aller chez ma sœur. »

M. — Quel jour vous a-t-elle dit cela ? tachez donc de vous souvenir de la date.

R. — Voilà ! Je vous ai déjà dit plusieurs fois quel avait été le langage de madame Mollin.

M. — Mais quand vous a-t-elle tenu ce langage ?

R. — Je ne me le rappelle pas, mais je le saurai et je vous préviendrai, d'ici quelques jours.

M. — Comment ! monsieur Robinet, vous qui me connaissez depuis si longtemps, vous allez vous associer avec les gens les plus malfâmés pour jeter la désunion dans mon ménage ! vous n'avez donc pas réfléchi qu'il y avait un enfant ! vous n'avez donc pas calculé que nos ennemis politiques et philosophiques exploiteraient cette aventure ! Pourquoi ne m'avez-vous pas prévenu avant de vous engager dans une pareille voie ? Au lieu de provoquer la réconciliation, vous avez attisé la discorde, car, sans votre appui moral et l'espoir de secours matériels, ma femme ne se serait pas compromise de la sorte !

R. — Mais toutes ces dames disent que madame Mollin n'était pas heureuse.

M. — Laissez-moi donc tranquille avec vos femmes !

R. — Je parle des dames positivistes !

M. — Positivistes pour vous et certains complaisants ! Je ne comprends pas, monsieur Robinet, que dans une question aussi sérieuse vous fassiez intervenir des cancans et des bavardages de femmes. Pourquoi ne vous en rapportez-vous pas à vos propres observations ? Vous veniez assez souvent à la maison pour pouvoir vous renseigner par vous-même. Vous y êtes venu à toute heure, en ma présence comme en mon absence, et vous avez pu, en connaissance de cause, établir votre jugement sur la condition de ma femme.

Tenez ! tout cela me fait l'effet d'une conspiration ourdie contre moi, et dont ma femme est l'instrument, en attendant qu'elle en soit la victime !

Je veux croire que vous n'avez pas agi méchamment ni sciemment, mais vous avez agi sottement en vous laissant endoctriner par des péronelles qui connaissent votre faible et disposent ainsi de vous comme elles l'entendent.

R. — Pourtant, madame Mollin m'a bien dit que pour tout au monde elle ne voudrait pas vous attirer des désagréments !

M. — Je vous engage, monsieur Robinet, à vous retirer de ce complot. Si vous ne le faites, vous y perdrez assurément votre réputation intellectuelle et peut-être votre réputation morale. Laissez les gens qui ont détourné le matériel de notre association et n'ont jamais rendu leurs comptes, agir de concert avec les drôlesses qui vous traitent d'homme supérieur pour mieux vous aveugler. Laissez tout ce monde-là se servir de ma femme pour tâcher de me perdre. Ils ne réussiront pas, je vous le promets! Je connais leurs projets, et un homme averti en vaut deux.

R. — Pourquoi mêlez-vous l'affaire de votre association avec vos différends de ménage?

M. — Ce que j'ai observé à mon atelier et notamment la disparition d'un individu m'autorise à le faire.

R. — Mais cette demoiselle qui habite chez votre beau-frère ne serait donc pas honnête, suivant vous?

M. — Non!

R. — Elle a cependant l'air d'une personne comme il faut, et ces dames l'estiment beaucoup.

M. — Je ne sais pas si elle est comme il faut, mais, à coup sûr, elle n'est pas comme il faudrait. Je vous conseille de fermer les oreilles et d'ouvrir les yeux. Méfiez-vous des personnes qui vous entourent!

R. — Je persiste à croire cette personne très-honnête, quoique vous en disiez. Bref, monsieur Mollin, je n'ai pas fait le certificat dont vous me parlez.

4.

M. — Il y a quelque temps, un horloger du faubourg Saint-Martin remit à ma femme son porte-monnaie qu'elle avait égaré : pourriez vous me dire quel était le papier écrit par vous et signé de votre main qui se trouvait dans ce porte-monnaie?

R. — J'ai fait un certificat à votre dame, mais je ne le lui ai pas donné.

M. — Le lui auriez-vous vendu, par hasard?

R. — Non! je veux dire que j'ai fait le certificat que madame Mollin m'a demandé, et que je ne lui ai pas remis; je l'ai gardé ici.

M. — Vous faites donc des certificats à vos clients pour les collectionner. Je serai curieux de le voir, ce certificat; mais vous ne devez pas vous rappeler où vous l'avez mis?

R. — Il faudrait pour cela que je cherche; mais, comme je vous dis, votre dame m'a dit que pour tout au monde elle ne voudrait pas qu'il vous arrive de désagrément.

En ce moment, Laporte sortit du... confessionnal et partit sans nous dire bonsoir. Qu'il ne me parlât pas à moi, cela n'avait rien d'étonnant, car il pouvait m'attendre à la porte, mais pour qu'il ne saluât pas son docteur, il fallait que ses préoccupations fussent bien graves. Voilà encore quelque chose de louche !

Je me levai alors et je vous dis, monsieur Robinet :

« Je vous quitte. Je serai renvoyé de mon
« atelier, je m'y attends ; je serai arrêté ; mais,
« soyez-en bien convaincu, on ne parviendra
« pas à me rendre fou. Quand on a subi les
« avanies que m'ont fait essuyer les coopéra-
« teurs de ma profession, on peut subir le
« régime des maisons d'aliénés sans perdre la
« raison. Que personne ne s'occupe de moi, et
« je suis sûr de me tirer de là.

« Je ne demande qu'une chose, c'est que l'on
« respecte mon domicile pendant les quelques
« jours que je serai détenu, et que l'on em-
« pêche ma femme de rentrer chez moi, car
« j'ai à la maison toutes les pièces nécessaires
« pour me justifier et éclaircir cette affaire.

« J'ai, entre autres choses, découvert ven-
« dredi dernier des pièces établissant les rela-
« tions de ma femme avec la société du prince
« impérial.

« Je pourrai les produire à l'occasion.

« Je possède également des papiers très-im-
« portants sur l'association des doreurs, cons-
« tatant, comme vous le savez, la régularité de
« ma gestion et témoignant des malversations
« qui ont été opérées après ma sortie. Je ne
« voudrais pas que ces preuves me soient
« enlevées. »

R. — Apportez-moi vos papiers ici.

M. — Bonsoir, monsieur Robinet.

R. — Vous savez, monsieur Mollin, vous pouvez m'apporter les papiers dont vous parlez.

M. — Je vous dis « Bonsoir. »

R. — Eh bien! bonsoir, monsieur Mollin, comme je vous ai dit déjà, madame Mollin m'a dit que pour tout au monde...

M. — Oui, oui, je me le rappellerai; au revoir, et ne vous occupez pas de ma personne, c'est tout ce que je vous demande!

En bas, je cherchai Laporte, mais il était parti : c'était sans doute la consigne...

Rentré chez moi, j'écrivis textuellement la conversation que je venais d'avoir avec vous, je consignai ensuite toutes mes observations de la journée conformément à l'habitude que j'avais contractée depuis le mystérieux départ de ma femme; puis je me couchai en réfléchissant au revirement qui s'était opéré chez Laporte. Il résultât de mes observations que vous l'aviez définitivement attaché à votre cause, le dimanche, 21 novembre... c'est bien ce jour-là, n'est-ce pas, docteur, que vous vous l'êtes inféodé et que vous lui avez posé la birette? Le jeudi 25, je fus renvoyé de l'atelier. Le lendemain, en cherchant de l'ouvrage, je m'aperçus que j'étais suivi. Pour dérouter la piste, je pris une voiture (le n° 10,167) et me fis conduire impasse Saint-Sébastien, et de là rue Pierre Levée, chez un patron où j'ai travaillé du 30 mai 1856 au 22 septembre 1860. Je redescendis ensuite chez moi. C'est alors que j'écrivis à ma sœur et que je vous envoyai une copie de la lettre, monsieur Robinet.

Voici cette lettre :

Paris, le 26 novembre 1875.

Vivre au grand jour.

Ma chère Elisa,
Ecris-moi, poste par poste, j'ai quelque chose de grave te communiquer.

Ton frère qui t'aime bien,
Gabriel MOLLIN.

On avait trompé mes amis; on dépensait une activité dévorante afin de m'isoler; je ne devais plus compter que sur l'appui de ma famille. Ma situation était donc extrêmement difficile. Comment, en effet, écrire de pareilles choses à mes parents? Comment leur raconter ma rupture avec ma femme, à eux qui nous savaient dans les meilleurs termes? Comment leur expliquer l'abandon de mes amis? Comment leur annoncer que ma conviction était qu'on allait m'arrêter comme fou? Pouvaient-ils croire qu'à Paris il pouvait se passer de telles monstruosités!... Il me fallait, pour leur fournir toutes les explications nécessaires et leur faire comprendre ma situation, leur écrire une longue lettre. Telle était bien mon intention, mais je dus prévoir le cas où je serais arrêté avant d'avoir terminé cette longue lettre. Il fallait donc agir promptement et de les mettre *illico* sur leurs gardes afin d'empêcher qu'après mon arrestation opérée on n'abusât de leur éloignement. C'est pourquoi j'écrivis cette lettre, dont je fis deux copies, et que je mis sur les coins cette formule préventive : « Confiée aux soins de M. le Préfet de police. » Ces deux là, je ne les affranchis pas, afin qu'on comprît bien que j'avais été arrêté peu de temps après avoir écrit la lettre affranchie.

Sans cette précaution, j'étais perdu !

Plus j'allais, depuis notre conversation, plus je devenais convaincu qu'on allait tout faire pour obtenir mon arrestation. Dans cette conviction, je pris mes précautions. Je savais bien que je ne pourrais, en lutte contre des ennemis aussi puissants et aussi madrés, éviter longtemps le sort cruel qui me menaçait, mais au moins, — singulière préoccupation chez un fou ! — je tenais à régler moi-même, à ma guise, le jour, l'heure, le lieu et la forme de mon arrestation.

C'est pour cela que le vendredi soir, 26 novembre, je ne couchai pas chez moi.

C'était le lendemain, samedi 27, qu'on devait enfin mettre la main sur moi.

Je n'ai point été arrêté, comme vous le prétendez, docteur, après avoir saccagé toutes les devantures des boutiques de mon quartier. Voici, au surplus, le récit exact de ma triste odyssée : je défie qui que ce soit d'y contredire authentiquement.

Je me doutais bien que pour me prendre en faute, on userait contre moi du procédé élémentaire — la dispute — afin de me conduire ensuite chez le commissaire de police, et là, exhiber les certificats de médecins. C'est l'enfance de l'art. Mais je me tenais sur mes gardes, et la tentative échoua. En effet, chez le marchand de vins du quai des Tournelles, 39, un individu que je supposais appartenir à la police et me *filer*, me fit brusquement tomber mon chapeau. Mais je n'engageai aucune discussion et me hâtai, au contraire, de rentrer chez moi pour prendre tous les papiers auxquels je tenais le plus, ainsi que la double clef de la porte d'entrée que ma femme avait remise ou fait remettre à la concierge le jour de son départ.

Je puis bien, après tout, vous dire en toute franchise pourquoi je prenais toutes ces précautions, c'était de peur que vous ne cherchiez à faire disparaître les papiers qui pouvaient m'être utiles !

Que voulez-vous ? c'était 'ma conviction ! Il m'avait semblé singulier que le mardi précédent vous insistiez tant pour que je vous les portasse. Je ne crois pas d'ailleurs m'être beaucoup trompé. En effet, le lendemain matin, des personnes qui sortaient de chez vous, où elles avaient été convoquées par vous la veille, firent ouvrir ma porte par un serrurier et cherchèrent ces papiers partout.

Comment se fait-il que n'ayant parlé de cela qu'à vous, docteur, et encore en tête-à-tête, sans auditeur aucun, ma concierge en ait eu connaissance ?

Remarquez que c'est elle-même qui me l'a dit, en réponse à cette question que je lui posais : « Pourquoi vous êtes-vous permis de faire fracturer ma porte et de livrer mon domicile au premier venu ? » — « C'était (je cite
« textuellement) *pour prendre les papiers que vous*
« *deviez remettre à monsieur Robinet.* Nous n'avons
« pas pu les trouver, et comme nous avons
« vu des papiers brûlés dans la cheminée,
« nous avons pensé que vous les aviez dé-
« truits. »

Qu'avez-vous à répondre, monsieur Robinet ?

Dans l'après-midi, on fit encore ouvrir ma porte et, après avoir cherché de nouveau, les exécuteurs de vos volontés enlevèrent tout le reste de mes papiers qui furent déposés dans un logement vacant dont la concierge avait mis la clef à leur disposition. Tout cela est bien louche; j'en appelle à l'impartialité de l'opinion.

Après avoir pratiqué cette perquisition arbitraire, vos agents, parmi lesquels se trouvait Fabien Magnin, *président de la Société positiviste,* allèrent conférer avec METTRIVIÈRE, — c'est le nom de l'individu qui, la veille, m'avait enlevé mon chapeau chez le marchand de vins du quai des Tournelles, — lequel, en sa qualité d'ancien employé de Sainte-Anne, pouvait leur fournir tous les renseignements *dont ils avaient besoin.*

Revenons à mon arrestation.

En sortant de chez moi, j'allai prendre une tasse de lait rue Galande, 4. Je me dirigeai ensuite vers le commissariat du quai de Béthune, 34. Le commissaire n'y était pas; j'invitai alors les sergents de ville à bien vouloir m'accompagner jusqu'à la Préfecture; ils s'y refusèrent d'abord, mais je parvins très-facilement à les déterminer. Nous partîmes donc. Mon but était de me soustraire, autant que possible, aux procédés des agents subalternes que je croyais soudoyés pour m'arrêter. Ce qui me confirmerait au besoin dans cette supposition, c'est que j'ai été suivi chez le commissaire et précédé à la Préfecture par Mettrivière lui-même. Aussi me fut-il impossible de voir aucun commissaire de police, et de pénétrer dans aucun bureau. On m'enferma immédiatement dans un cabanon. J'en faisais l'inspection tout en fumant ma pipe, quand je me trouvai nez à nez avec Mettrivière qui, par le guichet de la porte, jettait son coup d'œil dans ma cellule. La présence de ce particulier me fit réfléchir....

Quelque temps après, des agents spéciaux se présentèrent pour me mettre la camisole de force. Je n'avais pas fait de résistance, ni manifesté aucune velléité de violence; par conséquent, je crus devoir m'opposer à ce que ces individus m'attachassent. Après une résistance assez longue, trop longue peut-être, je dus succomber sous le nombre. On réussit donc à me mettre la *camisole* DE FORCE.

Là-dessus, Mettrivière alla prévenir ma concierge, qui courut elle-même raconter l'affaire à madame Robinet. Il était à ce moment environ deux heures.

Ici doivent se placer quelques détails qui ne sont pas les moins curieux, sinon les moins significatifs, dans cette ténébreuse intrigue.

Ce jour même, 27 novembre 1875, à neuf heures du soir, vous écriviez vous-même à ma femme, monsieur le docteur, de votre plus belle main, la lettre suivante, que vous ne vous doutiez pas devoir tomber un jour entre mes mains :

Paris, 27 novembre 1875, 9 h. du soir.

Madame Mollin,
Je vous écris de la rue Maître-Albert, 7. M. Mollin n'est pas rentré depuis onze heures. Qu'est-il devenu ? Je vais m'occuper de lui. Venez donc demain matin à la maison.
ROBINET.

Ainsi donc, le 27 novembre 1875, à neuf heures du soir, vous ignoriez encore, à en croire la lettre précitée, mon arrestation pour cause de folie prétendue ! Comment se fait-il donc qu'à la même heure, le même jour, ma femme recevait une autre lettre, venant de la même source, et dont voici la copie littérale :

Paris, 27 novembre 1875, soir.

Ma chère Madame Mollin,

M. Robinet, *qui, en ce moment, est près de M. Mollin, me* CHARGE *de* vous prévenir que son état est devenu des plus alarmants. — La folie, *qui couvait depuis longtemps, vient enfin de faire irruption.* — Mon mari croit qu'il serait de la plus grande imprudence que vous rentriez chez vous en ce moment. Mais il considère comme non moins important que vous préveniez ses parents, et notamment sa sœur. Venez donc demain matin à la maison, etc., etc.

Femme ROBINET.

Vous n'ignoriez donc pas, docteur à double face, *ce que j'étais devenu,* puisque vous aviez chargé votre femme de prévenir la mienne que j'étais devenu fou ! Où est la vérité dans ce fouillis de mensonges et de contradictions ? Qui vouliez-vous tromper dans tout ceci ?

N'approfondissons pas, de peur de trop découvrir ! Malheureusement pour vous, monsieur le docteur, vous n'avez pas été adroit : *scripta manent,* dit le proverbe latin, que vous aviez sans doute oublié ce jour-là. Oui, les écrits restent et posent quelquefois à leur auteur d'embarrassantes interrogations.

Mais je laisse de côté les affirmations contradictoires des deux lettres que je viens de reproduire. Je veux les envisager et vous les faire envisager à un autre point de vue. Puisque « ma folie » *couvait depuis si longtemps,* comment se fait-il que vous n'ayez pas à mon endroit pris les précautions même les plus élémentaires ? Pourquoi avez-vous attendu que cette folie *ait fait enfin irruption,* comme le dit madame Robinet dans son élégante phraséologie ? Pourquoi n'en avez-vous pas averti mes amis ? Pourquoi avez-vous attendu que je fusse entre les mains de la police pour conseiller à ma femme de prévenir mes parents ? Est-ce donc là ce que vous appelez *vous occuper de moi ?* On dirait plutôt que vous n'avez cherché qu'à jeter la désolation dans ma famille ; car, enfin, le 5 décembre, huit jours plus tard, ma sœur ignorait encore votre adresse et la demandait à tous les échos ! J'ai entre les mains une lettre d'elle à cette date, dans laquelle elle demande à ma femme où demeure le docteur Robinet, MON AMI !!!

Autre chose. Comment expliquerez-vous vos relations avec Mettrivière ? Ce point a son importance, car il est impossible de contester les attaches policières de ce monsieur. Les témoignages et les preuves foisonnent. Je ne retiens et ne cite que les faits suivants, suffisamment caractéristiques : il avait le droit permanent d'entrer dans ma cellule, et il en usa largement, puisqu'il aida à me garrotter sur le lit de force où je dus rester attaché pendant plus de quinze heures ! et ce fut même lui qui, le dimanche, me prévint que je devais partir le soir, à quatre heures, pour l'Admission, annexe de l'asile Sainte-Anne.

Pour votre édification, ou plutôt pour celle du public, je vous rappellerai que je fus conduit là, en voiture cellulaire, avec la camisole de force et les entraves aux pieds. Je reviendrai ailleurs sur les traitements qu'on fait subir aux aliénés ou aux gens arrêtés comme tels : il y a de quoi rendre fou l'homme le plus sain d'esprit.

Ici, l'intrigue se complique et s'enténèbre encore ; sa gravité s'accentue.

Pendant, en effet, que j'étais soumis à ce

écrits restent et posent quelquefois à leur auteur d'embarrassantes interrogations.

Mais je laisse de côté les affirmations contradictoires des deux lettres que je viens de reproduire. Je veux les envisager et vous les faire envisager à un autre point de vue. Puisque « ma folie » *couvait depuis si longtemps,* comment se fait-il que vous n'ayez pas à mon endroit pris les précautions même les plus élémentaires ? Pourquoi avez-vous attendu que cette folie *ait fait enfin irruption,* comme le dit madame Robinet dans son élégante phraséologie ? Pourquoi n'en avez-vous pas averti mes amis ? Pourquoi avez-vous attendu que je fusse entre les mains de la police pour conseiller à ma femme de prévenir mes parents ? Est-ce donc là ce que vous appelez *vous occuper de moi ?* On dirait plutôt que vous n'avez cherché qu'à jeter la désolation dans ma famille ; car, enfin, le 5 décembre, huit jours plus tard, ma sœur ignorait encore votre adresse et la demandait à tous les échos ! J'ai entre les mains une lettre d'elle à cette date, dans laquelle elle demande à ma femme où demeure le docteur Robinet, MON AMI !!!

Autre chose. Comment expliquerez-vous vos relations avec Mettrivière ? Ce point a son importance, car il est impossible de contester les attaches policières de ce monsieur. Les témoignages et les preuves foisonnent. Je ne retiens et ne cite que les faits suivants, suffisamment caractéristiques : il avait le droit permanent d'entrer dans ma cellule, et il en usa largement, puisqu'il aida à me garrotter sur le lit de force où je dus rester attaché pendant plus de quinze heures ! et ce fut même lui qui, le dimanche, me prévint que je devais partir le soir, à quatre heures, pour l'Admission, annexe de l'asile Sainte-Anne.

Pour votre édification, ou plutôt pour celle du public, je vous rappellerai que je fus conduit là, en voiture cellulaire, avec la camisole de force et les entraves aux pieds. Je reviendrai ailleurs sur les traitements qu'on fait subir aux aliénés ou aux gens arrêtés comme tels : il y a de quoi rendre fou l'homme le plus sain d'esprit.

Ici, l'intrigue se complique et s'enténèbre encore ; sa gravité s'accentue.

Pendant, en effet, que j'étais soumis à ce

régime barbare, le dimanche 28, toute votre camarilla était en l'air. C'est à qui fournirait un témoignage nouveau de ma folie. Laporte, par exemple (je suis très-bien renseigné), raconta que, la semaine précédente, je l'avais effrayé et que, *s'il n'avait craint pour la sécurité de ses enfants*, il m'aurait fait coucher chez lui...

Il est vrai de dire que cette conversation se tenait devant une personne qui, dans sa naïveté, s'étonnait de ce que mes prétendus amis, après avoir remarqué, dans ma conduite et mes allures, tant de symptômes alarmants, ne m'eussent pas fait donner tous les soins nécessaires. Cette personne ignorait sans doute le vieux proverbe : « Quand l'arbre est abattu, tout le monde saute aux branches ! »

Mais ce n'est pas tout. Le docteur Magnan, médecin de l'Admission, auquel je demandais ma mise en liberté, m'opposa une lettre de vous, monsieur Robinet, qui, me dit-il, contenait sur mon compte des renseignements tels qu'il ne pouvait pas me laisser sortir ! Comme je lui demandais des explications, il me répondit :
« *Vous ne m'aviez pas dit que vous étiez marié : la* SÉCURITÉ *de votre* FEMME *exige votre incarcération !*

Du reste, ajouta-t-il, monsieur Robinet, qui s'inté-resse *à vous, me prie de vous garder à Sainte-Anne et d'éviter que vous alliez à Ville-Évrard.* »

C'était sans doute, monsieur le docteur, pour éviter que je me rencontrasse avec Eugène Dijon.

Puisque votre influence auprès du docteur Magnan allait jusqu'à empêcher ma mise en liberté et à déterminer le lieu de mon internement, vous auriez dû, ce me semble, si vous m'aviez réellement porté intérêt, et si vous n'aviez pas tenu à me séquestrer, utiliser cette influence d'une manière plus humaine. Plus que tout autre, celui qui a écrit la vie d'Auguste Comte y était obligé. Mieux que personne, en effet, vous savez que celui que vous appelez votre maître n'est devenu fou que pour avoir passé dans une maison d'aliénés. Il l'a déclaré lui-même, en ajoutant qu'il n'avait été guéri que par d'affectueux soins domestiques.

Voici d'ailleurs les explications qu'il fournit à ce sujet en parlant de l'interruption de son cours :

« L'essor initial de cette opération orale fut doulou-
« reusement interrompu au printemps de 1826 par une
« crise cérébrale résultée du fatal concours de grandes

« peines morales avec de violents excès de travail. Sage-
« ment livrée à son cours spontané, cette crise eût bien-
« tôt sans doute rétabli l'état normal, comme la suite le
« démontra clairement. Mais une sollicitude trop timide
« et trop peu réfléchie, d'ailleurs si naturelle en de tels
« cas, détermina malheureusement la désastreuse inter-
« vention d'une médication empirique dans l'établisse-
« ment particulier du fameux Esquirol, *où le plus ab-*
« *surde traitement me conduisit rapidement à une*
« *aliénation très-caractérisée.* Après que la médecine
« m'eut enfin heureusement déclaré incurable, la puis-
« sance intrinsèque de mon organisation, assistée d'af-
« fectueux soins domestiques, triompha naturellement
« en quelques semaines, au commencement de l'hiver
« suivant, de la maladie, *et surtout des remèdes.....* »
(AUGUSTE COMTE, *Philosophie positive*, t. VI.)

Mais puisque nous parlons d'Auguste Comte et de ses mésaventures cérébrales, me permettrez-vous, docteur, de vous rappeler avec quelle vigueur, avec quelle énergie vous avez justement stigmatisé les gens perfides qui se sont acharnés contre ce grand philosophe, au point d'empoisonner irrémédiablement sa vie ?
« Blasphémateurs à gages, accusateurs systé-
« matiques, fanatiques aveugles (1), acharne-
« ment de la haine, lâches attaques, haines
« implacables, avouées ou secrètes, impudentes

(1) *Vie d'A. Comte*, par le docteur Robinet, p. 172.

« ou hypocrites (1) ; — cynisme de l'insulte,
« bouffonneries crapuleuses, railleries aussi
« lâches que cruelles (2) »... On ne saurait
flétrir avec plus de verve, ni d'éloquence. Mais
il paraît que vous vous indignez à froid :
lorsque je me suis, en effet, trouvé, grâce à
des intrigues comparables, dans une situation
analogue à celle que vous avez vengée avec
tant de virulence, au lieu de prendre parti
pour moi et de me défendre, n'avez-vous pas
pris sournoisement place, au contraire, au
premier rang de mes ennemis ? C'est donc que
vos convictions varient avec les personnes et
avec vos intérêts...

Et, cependant, vous aviez encore écrit
ailleurs les lignes suivantes. non moins significatives :

Dans la vie ordinaire, quand un homme est frappé d'un semblable malheur (la folie), chacun s'empresse de le secourir ou de le plaindre : parents, amis, connaissances, étrangers même, lui témoignent une généreuse pitié. La sympathie les porte à protéger l'infortuné, à compenser pour lui les rigueurs de la fatalité par un redoublement de délicatesse et d'affection (3).

(1) *Vie d'A. Comte*, par le docteur Robinet, p. 336.
(2) *Id.*, p. 359.
(3) *Id.*, p. 169.

Est-ce donc de la sorte que vous avez agi avec moi, monsieur le moraliste, vous qui étiez pourtant plus qu'un étranger à mon endroit, plus même qu'une simple connaissance ? N'avez-vous pas plutôt profité de mon malheur — si tant est que vous ne l'ayez pas provoqué — pour m'accabler et essayer de me perdre ? Aussi, comme vous l'avez professé vous-même (1), « devez-vous être flétri par l'opinion « populaire comme ayant forfait *au moins* à « la bienfaisance ! » — Mais ce n'est pas la première fois ni la dernière que nous surprenons vos actes en flagrant délit de contradiction avec vos théories !

Reprenons notre récit :

Le mardi 30 novembre, quelques instants après la conversation que j'eus avec le docteur Magnan, un gardien vint me dire que si je voulais voir ma femme, elle était là. En effet, elle était accompagnée du président de la Société positiviste, M. Magnin, lequel poussa la bouffonnerie jusqu'à me demander, en présence du gardien « si je le reconnaissais. » Notre

---

(1) *Id.*, p. 170.

entretien fut de courte durée, je demandai à ma femme des nouvelles de mon enfant et elle me promit de me l'amener le lendemain. Elle revint le lendemain, encore accompagnée de Magnin, mais ne tint pas sa promesse de la veille ; le froid servit de prétexte. A quoi devais-je attribuer la présence de ma femme et de Magnin ? Que sont-ils venus faire à l'Admission le mardi et le mercredi ? Ce n'était certainement pas pour me faire sortir...

Quel était aussi l'objet des démarches que ces personnes firent le dimanche à la préfecture et le lundi à l'Admission ? Je l'ignore, mais assurément ce n'était pas pour me rendre visite, puisque je ne les vis pas ces deux jours-là.

Enfin, le mercredi 1er décembre, à deux heures et demie, j'entrais à Sainte-Anne, un *véritable paradis* en comparaison des *abattoirs* d'où je sortais.

Le vendredi 3 décembre, Magnin vint me voir. Nous étions seuls dans le parloir. Je lui demandai quel était le but de sa visite et pourquoi le mardi précédent, il m'avait demandé si je le reconnaissais ?

Il me dit qu'il était venu réclamer la permission, pour lui et ma femme, de me venir voir les jours de visite, mais il ne répondit que par de faux-fuyants à ma deuxième question. Je le chargeai alors de prier M. Monier de venir me voir, puis de dire à ma femme de ne pas manquer de venir, avec son enfant, le dimanche 5; ma femme vint avec son enfant, mais après l'heure des visites ordinaires, et elle ne put rester que quelques minutes.

Le jeudi 9 décembre, ma femme et Magnin viennent l'un après l'autre. Sur ma question directe, Magnin me répond que ma femme habite rue de Flandre et ma femme me répond elle-même qu'elle habite rue Maitre-Albert, 7. Nouvelles contradictions, nouvelles complications.

Le dimanche 12, tous deux arrivent ensemble. On m'explique qu'il avait été convenu de me tromper sur le domicile de ma femme, de crainte d'évoquer des souvenirs douloureux, et que Magnin n'avait dit la vérité que par oubli de la consigne.

La vérité, c'est autre chose. Ecoutez, docteur ! La vérité, c'est que Magnin et ma femme avaient fait tous les deux les démarches nécessaires pour me faire enfermer à Sainte-Anne. Il a bien fallu donner l'adresse de ma femme, 7, rue Maître-Albert. S'ils avaient avoué, en effet, que ma femme avait abandonné le domicile conjugal, elle aurait perdu tous ses droits, et le docteur Magnan m'eût laissé sortir malgré toutes vos démarches et toute votre influence, charitable, monsieur ! Le coup était manqué... La preuve qu'on a donné une fausse adresse, c'est que la réclamation de paiement de la préfecture de la Seine portait cette inscription : madame Mollin, 7, rue Maître-Albert... Ce fait suffit pour établir la véracité de mon dire.

Mais j'ai parlé de paiement. A ce propos, une question, M. Robinet. Pourriez-vous me dire qui a payé ma pension à l'asile ? Je précise. Ma femme m'avisa qu'on lui avait écrit pour lui demander de l'argent. Ma réponse était toute simple :

« On avait failli me rendre fou, je n'enten-
« dais pas payer pour cela. A ceux qui m'a-
« vaient fait emprisonner de payer. »

Quelque temps après, elle me dit qu'elle était allée à la Préfecture et que *c'était M. Ro-*

binet qui lui avait donné les instructions nécessaire en lui recommandant, si on la questionnait, DE NE RIEN DIRE. Eh bien! docteur, qu'avez-vous à répondre? Comment expliquerez-vous votre intervention? Ce jour-là, 12 décembre, j'appris à mes visiteurs que le docteur Dagonet ne s'opposait pas à ce que je sortisse, et je les priai de faire les démarches requises pour que je pusse aller chez moi, me chargeant d'en reparler personnellement au médecin qui n'y mettait aucun empêchement...

En effet, le lundi le médecin m'assura de nouveau de me laisser sortir si je trouvais quelqu'un pour remplir les formalités exigées. Le lendemain, je lui remis la lettre suivante, en le priant de la faire parvenir à destination :

Paris, mardi 14 décembre 1875.

A Madame Mollin, rue de Flandre, 3, Paris.

Madame,

Ainsi qu'il avait été convenu avant-hier, j'ai demandé au docteur, M. Dagonet, s'il me serait possible d'obtenir la permission d'un jour de sortie. D'après ce qui m'a été répondu, il faudrait que vous vous adressiez, vous et M. F. Magnin, au surveillant, M. Gaudmer.

J'espère que, jeudi 16 courant, vous voudrez bien faire

cette petite démarche : vous obtiendrez, je n'en doute pas, la permission pour dimanche 19.

Dans le cas contraire, disposez-vous de façon à pouvoir me venir voir le matin *avec Léon*. Songez, Caroline, que depuis le lundi huit novembre je n'ai vu notre enfant qu'une seule fois, et dans quelles conditions ! Vous vous rappelez que notre entretien, ou plutôt notre entrevue du dimanche cinq décembre ne dura que cinq ou six minutes et que notre pauvre enfant était aux trois quarts endormi.

Au revoir, à jeudi, je vous embrasse.

Votre mari,

Gabriel Mollin.

En bonne conscience, monsieur Robinet, était-ce là la lettre d'un fou ?

Ma femme ne devait pas le croire pour sa part. Cependant, le jeudi, elle n'était plus la même : le combat intérieur qui se livrait chez elle était manifeste. C'est que, voyez-vous, monsieur le docteur, cette pauvre femme n'était pas un instrument très-facile à manier. Sa franchise et sa spontanéité naïves dérangeaient à chaque instant les calculs et les intrigues…

C'est, sans doute, pour parer à cet inconvénient qu'on la fit surveiller. A partir de ce jour, en effet, Mme Merlière, gardienne du domicile d'Auguste Comte et « détective » à la disposition de l'église positiviste et à sa solde (1), non-seulement accompagna ma femme à Sainte-Anne, mais encore chercha à écouter notre conversation et à scruter tous nos agissements.

Cette coïncidence n'est-elle pas au moins étrange? Elle l'est d'autant plus que cet espionnage régulier de la femme Merlière s'arrêta aux dernières visites de ma femme, quelque temps avant ma libération... Ne serait-ce pas peut-être parce que, à cette époque, la machination était définitivement avortée et qu'il était devenu impossible de me tenir plus longtemps en chartre privée?

J'ajoute ceci : la femme Merlière n'accompagnait Mme Mollin que sous le fallacieux prétexte de venir rendre visite à l'un de ses propres parents, — un malheureux qui pourrit là depuis des années. — Bien mieux, une fois au parloir, elle ne s'occupait en aucune façon dudit parent; elle le laissait abandonné, seul, auprès des autres visiteurs, pour se poster auprès de nous et recueillir nos moindres paroles.

(1) Cinq cents francs par an.

Comment voulez-vous, après toutes ces observations suspectes, que je ne me tienne pas en défiance à l'égard du protecteur de cette dame ?

Mais fermons la parenthèse.

Ce jour-là, ma femme, pas plus que Magnin, ne voulut se charger de faire aucune démarche, me disant qu'on ne me laisserait pas sortir, que le docteur Robinet le leur avait assuré. Je répondis : « Robinet n'est rien ici.
« J'ai l'autorisation du médecin ; il vous faut,
« à vous, la permission du surveillant, et je
« sortirai. Je ne vous demande pas à sortir
« définitivement, puisque je ne serais pas en
« état de travailler avant une dizaine de jours ;
« peut-être même resterai-je boiteux encore
« longtemps.

« Mais je veux aller chez moi, et, si vous
« refusez ce service, je sortirai quand
« même. »

Impossible de convaincre Mme Mollin. C'est facile à comprendre, au surplus. Les gens qui disposaient de l'esprit et de la conduite de ma femme, avaient crié sur tous les toits que *j'étais fou furieux, que je ne sortirais plus*, etc., etc. Ils redoutaient naturellement que des personnes ne croyant pas aux miracles rencontrassent ce fou furieux et incurable et ne reconnussent chez lui *le calme et la vigueur mentale qui l'ont toujours caractérisé !*

Je m'adressai de nouveau à Magnin, mais je me heurtai à la même résistance appuyée sur les mêmes prétextes.

« Vous prétendez, lui dis-je alors, que l'ad-
« ministration de Sainte-Anne s'oppose à ma
« sortie, même provisoire. Eh bien, je vais
« aller trouver le surveillant et lui faire dire
« le contraire en votre présence. »

M. Gaudmer était en ce moment dans le parloir ; je me levai pour aller le chercher, mais Magnin m'en empêcha. « Mollin, me
« dit-il, c'est entendu, je viendrai demain et
« nous arrangerons cela. »

Je réclamai alors à ma femme et cela pour la sixième fois, la lettre que ma sœur m'avait adressée en réponse à mes trois lettres du 26 novembre et qui, le 27 au soir, se trouvait déjà chez ma concierge quelques heures avant que vous vous y présentiez, monsieur le doctour. Cette lettre me fut enfin remise, elle était ainsi conçue :

Bourges, samedi 27 novembre, 8 h.

Mon Gabriel,

Je viens de recevoir à l'instant trois lettres de toi, une affranchie et les deux autres point ; toutes les trois ont le même contenu, que signifient-elles ?

Je n'y comprends rien.

Réponds-moi vite, je t'en prie. J'attends et suis dans une inquiétude mortelle.

Je t'embrasse bien, ainsi que Caroline et ton fils.

Ta sœur,

Elisa MOLLIN

Je fis observer à Magnin le long retard que l'on avait mis à m'apporter cette lettre qui, m'étant personnellement destinée, n'aurait du être ouverte que par moi.

Ma femme s'excusa en disant qu'il lui avait fallu aller la chercher chez le docteur Robinet.

« — As-tu conservé, lui dis-je, la lettre que je t'ai adressée mardi dernier? » — M. Magnin, me répondit-elle, me l'a réclamée, je la lui ai remise.

« — Dans quel but, monsieur Magnin, réclamiez vous cette lettre?

« — Je tenais, me dit-il, à la communiquer au docteur Robinet.

« — Permettez-moi, leur dis-je, de vous donner un conseil. Puisque vous avez, l'un et l'autre, besoin de consulter Robinet, faites exactement le contraire de ce qu'il vous conseillera ou vous insinuera, et soyez certain que je n'aurai rien à vous reprocher. »

Là-dessus, nous nous séparâmes.

Le lendemain, Magnin vint m'annoncer que je sortirais provisoirement le dimanche, 19.

Avec quelle satisfaction j'attendais cette date, je ne m'arrêterai point à vous la dépeindre longuement... Mon intention était d'aller voir mes amis à la sortie du cours de M. Laffitte, afin de leur fournir des éclaircissements et réclamer d'eux ma mise en liberté.

Mais cette espérance devait être trompée et ce projet déjoué, intentionnellement sans doute. Je comptais sur Magnin, en effet, dès 9 heures du matin. Or, à 1 heure de l'après-midi, il n'était pas encore arrivé. Aussi désespérais-je déjà de sortir ce jour-là, craignant qu'on n'eût fait de lui ce qu'on avait fait de ma femme...

Sa décision du jeudi précédent et sa conversation du vendredi me rassuraient bien un peu, mais l'heure avancée me faisait redouter de ne le voir qu'au parloir.

C'est alors que j'écrivis deux lettres, l'une à ma concierge et l'autre à ma sœur, lettres dans lesquelles le « fou incurable » recommandait certaines précautions qui ne laissent pas de faire honneur à sa perspicacité et à sa prudence.

Voici ces lettres :

Paris, dimanche 19 décembre 1875.

Mesdames,

J'ai une occasion de communiquer avec vous et j'en profite pour vous faire parvenir de mes nouvelles. Je me porte bien.

Je vous prie de recevoir mes lettres comme par le passé, mais je vous recommande de ne les remettre qu'à la personne qui vous remettra la présente, c'est-à-dire à M. Magnin.

Je vous prie de même de ne pas laisser entrer ma femme chez moi.

A bientôt.

Votre tout dévoué,

Gabriel MOLLIN.

Paris, dimanche 19 décembre 1875.

Ma chère Elisa,

Ne sois pas inquiète sur ma position, je me porte assez bien au point de vue moral et intellectuel et je ne vais pas trop mal au physique.

D'ici à quelques jours je te ferai parvenir tous les renseignements que tu dois attendre avec une impatience bien légitime. Patiente encore un peu, ma chère Elisa, tu seras avant peu complétement renseignée sur ma situation, mais jusque là je t'engage, ma chère sœur, à conserver soigneusement toutes les letres que tu as reçues de moi le mois dernier, ainsi que celles que tu recevras ce mois-ci. Fais exactement la même chose pour les lettres que tu aurais pu ou que tu pourrais recevoir de ma femme, des membres de sa famille ou de toute personne s'intéressant ou paraissant s'intéresser à moi ; conserve aussi copie des lettres que tu pourrais écrire à ma femme et écris-moi souvent, en adressant tes lettres comme de coutume à M. G. Mollin, rue Maître-Albert, 7 ; elles me parviendront régulièrement, je me suis aujourd'hui entendu pour cela. Je n'ai pas reçu de nouvelles de toi depuis la lettre dans laquelle tu me renvoyais celle de Mlle Antoine, si ce n'est une lettre qui m'est parvenue indirectement, c'est-à-dire qu'elle m'a été remise par *Caroline*. Elle était non-seulement décachetée, mais encore privée de son enveloppe ; du reste je te la fais parvenir telle qu'elle m'a été remise.

Ma chère Elisa, je te prie de m'écrire aussitôt ma lettre reçue. Tranquillise-toi, je t'en prie, rassure nos parents et nos amis et embrasse notre vieux père pour moi.

J'attends de tes nouvelles et je t'embrasse de tout cœur.
Ton frère qui t'aime bien.
Gabriel MOLLIN.

Date bien tes lettres.

Je comptais, si je ne sortais pas, me servir de Magnin pour faire parvenir la première lettre à ma concierge.

Quant à la deuxième, la prudence s'opposait à ce que je la confiasse à un homme aussi dépourvu de caractère que l'est le président de la société positiviste; j'avais, du reste, un moyen sûr de la faire parvenir au cas où il ne m'aurait pas été possible de la mettre moi-même à la poste.

Enfin, à deux heures, le surveillant vint et me dit : « Vous allez sortir, monsieur Mollin, « vous allez voir votre femme. Eh bien ! laissez-« moi vous donner un conseil : quoi qu'elle vous « dise, évitez toute espèce de discussion ! »

Je répondis que je m'en allais chez moi et que je n'avais nullement l'intention de voir ma femme.

« 'Attendez-vous à la voir, reprit le surveil-« lant, et suivez mon conseil. »

En effet, au sortir de la maison, j'aperçus

ma femme rue de Ferrus. S'il avait amené ma femme et mon enfant, c'était, me dit Magnin, pour lever toute difficulté si ma sortie en eût rencontré. N'était-ce pas plutôt le contraire?

Nous commençâmes par entrer chez un marchand de vins. Magnin n'avait pas déjeûné et, de mon côté, je ne voyais aucun inconvénient à me réconforter d'un verre de vin. J'avais, d'ailleurs, un autre but, et je ne perdis pas mon temps. Me doutant bien qu'avant de venir, ma femme et Magnin étaient allés recevoir le mot d'ordre, je voulais me renseigner. Ma femme portait un sac de maroquin rouge qu'il me prit fantaisie d'inspecter et où je découvris, entre autres lettres à moi adressées, les deux lettres suivantes :

A Madame Gabriel Mollin, rue Maître-Albert, 7, Paris.
Bourges, dimanche 28 novembre 1875, 4 h. soir.

Ma bonne Caroline,

J'ai reçu hier matin trois lettres de Gabriel, dont deux sans être affranchies et ayant toutes les trois le même contenu, que voici :

Vivre au grand jour.

Ma chère Elisa,

Ecris-moi poste par poste, j'ai quelque chose de grave à te communiquer.

Ton frère qui t'aime bien, Gabriel MOLLIN.

Je vous laisse à juger combien ces trois lettres m'ont intriguée et mise dans l'inquiétude d'autant plus que les deux qui étaient sans être affranchies portaient au coin, de la main même de Gabriel, l'indication suivante : *aux soins de M. le préfet de police.* Que lui est-il donc arrivé ?

Je vous en supplie, ma chère Caroline, ayez l'obligeance, sitôt ma lettre reçue, de me faire réponse immédiatement et me dire dans quelle position se trouve mon pauvre frère, car papa et moi nous sommes dans une grande inquiétude.

J'attends avec impatience votre réponse et vous embrasse bien, ainsi que votre petit Léon.

Votre sœur,

Elisa MOLLIN.

P. S. — Vous recevrez cette lettre demain matin lundi, faites en sorte que je reçoive votre réponse lundi soir ou mardi matin au plus tard, car depuis hier je ne vis pas.

ELISA.

A Madame Caroline Mollin, rue de Flandre, 3, Paris.

Bourges, dimanche 5 décembre 1875, 4 h. soir.

Ma Chère Caroline,

Si je compare votre douleur d'épouse à celle de sœur que j'éprouve depuis la malheureuse nouvelle, je puis me faire une idée des angoisses que vous devez endurer.

Votre situation est pénible, celle de mon pauvre frère terrible et la mienne on ne peut plus douloureuse.

Je ne doute pas qu'à part la position critique où vous plonge ce malheur, votre plus grande peine se trouve dans le sentiment que vous aviez pour mon pauvre frère soyez assurée que je partage avec vous cette extrême douleur.

Au milieu de notre malheur, une lueur d'espoir nous reste, et je crois que c'est le moment de relever notre courage et d'attendre tout de la Providence. Sa maladie a une cause, les spécialistes trouveront peut-être le remède ; j'ai d'autant plus lieu de l'espérer qu'il n'y a jamais eu de ce genre d'affection dans notre famille.

Sur votre prochaine lettre, que j'attends avec impatience, donnez-moi, je vous prie, de nombreux détails sur l'état actuel de notre pauvre Gabriel et l'opinion du médecin depuis son entrée dans la maison. Ne craignez pas de me donner aussi des détails sur votre position et sur celle de votre petit Léon, car je me souviens que dans sa dernière lettre Gabriel me disait que vous aviez été bien malade et pour cause obligée de sevrer votre enfant. Comment allez-vous tous les deux ?

Dans le malheur, les cœurs s'unissent et se rapprochent pour supporter une douleur commune. J'aimais Gabriel au suprême degré. Ma douleur est immense, et son épouse et son enfant feront désormais l'objet de mes préoccupations.

Papa se joint à moi, ma bonne Caroline, pour vous embrasser bien des fois, ainsi que notre Léon, et vous souhaiter bon espoir.

Votre sœur,

Elisa MOLLIN.

P. S. — Dans votre prochaine lettre, veuillez, je vous prie, avoir l'obligeance de me donner l'adresse du docteur Robinet. Je vous adresse un timbre-poste pour que vous puissiez me répondre le plus tôt possible.

On le voit, mes trois lettres avaient déterminé l'intervention de ma famille, intervention qui n'avait pas été sans influence sur le jeu des intrigues dont j'étais la victime. Comment se fait-il qu'en présence de pareilles lettres, émanant de gens honnêtes, un positiviste comme vous, citoyen Robinet, qui vous dites partisan de la famille, et disciple fidèle d'Auguste Comte, n'ait pas tout fait pour me faire sortir et me confier aux soins de gens aussi affectueux, aussi dévoués ? Comment se fait-il qu'on ait tant tardé — jusqu'au 16 décembre ! — et malgré mes sollicitations incessantes, à me remettre la lettre que ma sœur m'avait adressée le 27 novembre. On ne pouvait craindre pourtant que cela me fût *contraire*...!

Reprenons mon odyssée du 19 :

Nous nous rendîmes chez moi en omnibus. Ce que je remarquai tout d'abord, c'est que tous les objets à elle nécessaires que ma femme avait laissés le 8 novembre, avaient disparus y compris le fameux filtre qui m'avait tant donné à réfléchir !

On avait également enlevé tout le linge que j'avais acheté pendant les trois semaines qui

6.

précédèrent mon arrestation, et ce, jusqu'aux draps du lit.

Je demandais où étaient mes papiers et j'allai moi-même les chercher, puis je sortis avec Magnin. Ma femme rentra chez la concierge. Je conduisis le président de la Société positiviste rue des Tournelles dans l'établissement où je déjeunais pendant les trois semaines qui suivirent le départ de ma femme, et là je lui exposai tout ce que je savais en lui fournissant des témoignages à l'appui. Toutes mes explications n'avaient qu'un but : renseigner Magnin, afin d'éviter qu'il se compromît davantage.

Ma femme ne quitta pas la loge de la concierge.

Nous allâmes dîner tous les quatre ; mon mioche était de la partie. Après dîner, ma femme nous quitta, je fis alors tourner bride à Magnin et nous retournâmes chez moi. Là, je recopiai la lettre que j'avais écrite à ma sœur et je gardai l'original, puis nous descendîmes chez la concierge à qui je donnai connaissance des instructions contenues dans la lettre que Magnin devait lui remettre dans le cas où je ne serais pas sorti. Après quoi, nous nous dirigeâmes vers Sainte-Anne. Chemin faisant, je mis moi-même ma lettre à la boite, rue Saint-Jacques, 55.

Quoique je n'eusse pas pu aller voir mes amis, j'étais satisfait de ma soirée.

J'avais, en effet, des nouvelles de mes parents ; j'étais sûr que le lendemain, ils seraient eux-mêmes tranquillisés par ma lettre. Je comptais enfin que M. Magnin éclaircirait cette affaire et que je pourrais obtenir les renseignements promis par moi à ma sœur et impatiemment attendus par elle. Déjà j'entrevoyais la liberté !

Mais Magnin m'apprit qu'il avait été invité à dîner chez le principal de vos agents femelles, monsieur Robinet. S'il lui était indifférent d'arriver après le repas, il tenait néanmoins à ne pas s'y présenter trop tard et il ajouta naïvement : « On ne m'attendra pas pour dîner : « on sait que je suis de service aujourd'hui. »

Cette nouvelle me fit ralentir le pas ; je ne savais si je devais rentrer ou planter là cet étrange cornac.... Je savais qu'en ne rentrant pas, je serai considéré comme évadé, et, par conséquent, recherché pendant trois jours par la police. Je marchais si difficilement que je dûs me résigner à rentrer à l'Asile, quitte à avoir quelques difficultés pour en sortir.

Je connaissais Magnin pour l'homme le plus honnête du monde ; je l'avais toujours considéré comme incapable de faire le mal dans une société composée exclusivement de gens honnêtes, mais complètement impuissant à se dépêtrer d'intrigues malhonnêtes. De là je concluais que les roués qui l'avaient invité allaient l'entortiller et qu'il n'y verrait rien.

Pour déjouer ce péril, ou plutôt pour tâcher d'en atténuer la gravité, je fis entrer Magnin chez le marchand de vin où il avait déjeuné en sortant de Sainte-Anne, et tout en buvant un verre de vin, je lui renouvelai ce que je lui avais dit rue des Tournelles, en lui donnant de nouveaux détails. Je lui remis même des instructions par écrit dans lesquelles j'insistais surtout sur deux points : 1° passer chez ma concierge le jeudi 23 et m'apporter les lettres qui m'y auraient été adressées ; 2° dire à M. Monier de venir me voir le plus tôt possible.

Il se chargea de tout, mais je n'étais qu'à

moitié rassuré, redoutant avec raison les stratagèmes des péronnelles chez qui il était attendu.

Je ne me trompais pas ; le jeudi 23, lorsque je me rendis au parloir, Magnin était assis auprès de madame Merlière. — Voici textuellement notre conversation :

« — Vous m'apportez une lettre ? — Non, je ne suis pas allé chez votre concierge. — Monsieur Monier viendra-t-il demain ? — Je ne l'ai pas vu. — Que vous a dit Chasserai ? — Je ne suis pas allé le voir. — Avez-vous été faubourg Saint-Denis ? — Non. — Le docteur Robinet vous a-t-il fourni les renseignements que vous deviez lui demander ? — Non, j'ai oublié de lui en parler. — Eh bien ! écoutez-moi, monsieur Magnin, vous êtes venu me voir sans que je vous aie fait demander ; je vous ai chargé de certaines commissions, vous avez accepté de les faire ; pourquoi ne les avez-vous pas faites ? puisque vous ne vouliez pas me rendre service, il ne fallait pas me le promettre, j'aurais pris mes dispositions en conséquence. Si seulement vous m'aviez apporté la lettre de ma sœur qui, depuis mardi, doit être chez la concierge... ! Enfin, je suis forcé de vous demander ce que vous venez faire ici. — Quand j'ai appris ce qui vous était arrivé, j'ai pensé à vous réconcilier avec votre femme. — Il ne s'agit pas de réconciliation ; il s'agit de ma lettre. L'avez-vous ? — Non, puisque je ne suis pas allé la chercher. — Et pourquoi n'y êtes-vous pas allé, après m'avoir donné votre parole ! Vous n'êtes donc pas un homme sérieux ! — Quand j'ai eu connaissance de votre affaire, j'ai pensé à la réconciliation. — Vous auriez dû m'en parler plus tôt, vous deviez au moins en dire quelque chose dimanche quand nous avons dîné avec ma femme : c'était le vrai moment ! Mais puisque vous posez la question, laissez-moi vous raconter ce que j'ai dit à MM. Laffitte, Monier, Kin et Laporte le dimanche qui suivit le départ de ma femme. »

Là-dessus je lui racontai textuellement ma conversation du 14 novembre précédent. Je dus parler très-fort, car il est sourd, ce qui fait que la « détective, » qui était auprès de nous, ne perdait pas un mot.

Quand j'eus terminé, Magnin était tout bouleversé. « J'ai déjà eu, dit-il, une affaire terrible cette année, et me voilà encore emmanché dans une autre ! Quelle heure est-il ? — Deux heures moins vingt, vous avez le temps nécessaire pour aller chercher ma lettre ; êtes-vous décidé à y aller ? — Non, je vais aller voir si madame Mollin est à la porte ». Et il sortit. Ce fut alors au tour de madame Merlière.

Je répondis ironiquement aux stupides questions de cette dame, que j'interrogeai à mon tour. « Où diable, lui demandai-je, se trouve donc la personne que vous venez voir ? — En face, auprès de la fenêtre, répondit-elle. »

J'allai chercher une chaise et je fis asseoir auprès de nous ce malheureux que jusque-là des personnes étrangères avaient eu la bonté de distraire, et je dis à cette sainte Nitouche : « Puisque vous tenez à entendre tout ce que je dis, pourquoi ne faites-vous pas asseoir votre parent auprès de vous ? ce serait plus adroit et aussi plus convenable, car, tout à l'heure, ce pauvre diable avait l'air d'un abandonné. » Magnin revint. « Elle n'est pas encore arrivée, dit-il. — Elle ne tardera pas à venir, répondit madame Merlière. — Oh non, elle ne viendra pas, balbutia le parent de l'espionne, qui ne savait pas de quoi il s'agissait. — Magnin reprit :—Que prétendez-vous faire de votre logement, Mollin? — Pourquoi cette question? — Je vous demande ce que vous entendez faire de votre logement? — J'entends en faire ce que j'en faisais avant d'être ici, c'est-à-dire l'habiter. — Il faut absolument que vous déménagiez. — Et pourquoi cela? — C'était l'avis du docteur Robinet : nous l'avons suivi et votre logement est à louer en ce moment-ci. — Sachez, monsieur Magnin, que Robinet, ceux qui suivent ses avis, comme ceux qui ont mis mon domicile à louer, ne sont pas en droit de me faire déménager, pour cela il faudrait que j'eusse donné ou reçu congé. — Il faudra pourtant que vous déménagiez, cela a été arrêté et consenti. — Arrêté et consenti par qui? pas par moi, ni par le gérant de la maison. Par conséquent, vous ne parviendrez pas à me faire déménager. — Mais votre gérant est consentant. — On vous l'a fait croire, mais c'est impossible; il est honnête, intelligent; c'est un républicain sincère, par conséquent incapable de tremper dans de pareilles intrigues. Et, en supposant même qu'à force de mensonges, on soit parvenu à le faire consentir, MOI, *je ne consens pas, et cela suffit.* — Mais le docteur Robinet conseille votre déménagement. — Quel intérêt peut donc bien avoir Robinet à ce que je déménage ? — Les conseils du docteur Robinet sont complétement désintéressés, entendez-le bien ; il se place au point de vue scientifique, et il est convaincu que si vous continuez d'habiter cette maison, vous perdrez la raison. — D'après ce que vous dites, on ne m'aurait fait enfermer dans un établissement où l'on fabrique des fous (1) que dans le but humanitaire de me préserver d'une perturbation cérébrale ! En vérité, monsieur Magnin, il faut être à Sainte-Anne pour entendre de pareilles choses. Comment ! Robinet vous déclare que mon domicile est ensorcelé, que ceux qui l'habiteront deviendront fous, et vous appelez ça de la science ! mais c'est de la battologie, et de la battologie transcendantale... Laissons donc, je vous prie, toutes ces niaiseries de côté et parlons sérieusement. Le 11 novembre, trois jours avant l'époque fixée pour donner congé,

(1) Voir à ce propos le passage de Maudsley (*Le Crime et la Folie*), relatif aux « fous par l'hospice. »

7

je payai mon loyer et je prévins en même temps que mon intention était de conserver mon logement. Le gérant ne s'y opposa pas ; par conséquent, tous les avis, tous les conseils, même désintéressés, du docteur Robinet, ne peuvent suppléer à une signification en forme. Voici ma quittance, elle est du 11 novembre, je vous la confie ; vous me la remettrez à ma sortie d'ici. — Comme ça, vous ne voulez pas déménager ? — Non, je ne le veux pas. Et vous, êtes-vous disposé à me rendre un service ? — Oui. — Eh bien ! allez, en sortant d'ici, chez ma concierge, prenez ma lettre et apportez-la-moi demain, et, en même temps, vous remplirez les formalités voulues pour que je sorte dimanche. »

Cela fut entendu. Ma femme arriva. La vieille Merlière braqua les deux yeux sur nous, mais afin d'éviter qu'elle écoutât notre conversation, j'allai m'asseoir avec ma femme, qui n'est pas sourde comme Magnin, sur la banquette où se trouvait un instant avant le pauvre abandonné, que la Merlière était censée venir consoler. Ma femme commença à réciter sa leçon, qui consistait à dire que j'étais fou depuis plus de deux ans et que je ne devais pas me rappeler ce qui s'était passé pendant ce laps de temps. — Allons, bon ! me dis-je, voilà encore ma femme qui divague ; il va me falloir une demi-heure, comme pour Magnin, pour la ramener à la réalité...

C'est, du reste, un fait que je soumets à votre perspicace appréciation médicale, monsieur le docteur. Je soignais mes visiteurs ; ils arrivaient à moitié fous et ils ressortaient raisonnables, pour revenir de nouveau aliénés et repartir sensés. Ce qui me prouvait qu'ils subissaient une influence dangereuse pour moi. Si j'avais eu la moindre faiblesse, quand ma femme eut terminé sa leçon, qui était du reste fort bien récitée, je lui demandais si elle me débitait tout cela pour me distraire. Elle m'affirma qu'elle parlait très-sérieusement. J'appelai alors Magnin et je fis répéter la leçon à ma femme. C'était récité en comédienne exercée, pas un mot ne manquait. Du reste, madame Merlière s'était approchée ; *il n'y avait pas à broncher !*

Je dis à ma femme : « Sais-tu que tu as accompli d'immenses progrès depuis que tu as quitté ton mari? Je te savais menteuse comme la plupart des femmes, mais je ne te croyais pas capable de débiter de pareils mensonges avec un tel aplomb. » Elle me répondit que tout ce qu'elle venait de me conter était vrai et que *le docteur Robinet lui avait affirmé que je ne devais pas me le rappeler. Monsieur Robinet,* ajouta-t-elle, *m'a dit que tu étais malade depuis deux ans et que tu ne devais pas te rappeler ce qui s'était passé pendant ce temps-là. Il y a longtemps que M. Robinet s'était aperçu que tu déraisonnais.* — « Si Robinet t'a dit cela, c'est un imbécile, dis-lui bien que quand je sortirai il s'apercevra que je n'ai pas perdu la mémoire, et demande-lui s'il se rappelle le jour où tu lui as demandé un certificat. — Moi, reprit ma femme, je ne t'en veux pas puisque tu ne savais pas ce que tu faisais. — Qu'ai-je donc fait que je ne me rappelle pas ? — M. Robinet m'a défendu de t'en parler. Il m'a dit que tu ne devais pas te le rappeler, et que si je t'en parlais, cela nuirait à ton rétablissement. — Ton Robinet est un âne, tu peux le lui dire de ma part, si toutefois il a été assez bête pour te seriner de pareilles turpitudes. — Cependant,

M. Robinet est docteur ! — Sangrado aussi était docteur, et ça ne l'empêchait pas d'être une f… bête. Décidément, me prends-tu pour un fou ? — Non, je vois bien que tu n'es pas fou, mais j'aimerais mieux que tu le sois. — Tranquillise-toi, ton désir ne se réalisera pas. — M. Robinet m'a bien recommandé… — Laisse-moi donc tranquille avec les recommandations de ton Robinet. Tu n'es pas mariée avec lui, et c'est à moi et non à lui que devant le maire tu as juré obéissance. Si tu avais suivi mes conseils, tu ne serais pas dans la position honteuse où tu te trouves, car te voilà maintenant méprisée par tous les gens honnêtes et réduite à vivre de mendicité ou de débauche… »

Un quart d'heure après, le raisonnement devint plus normal, mais il fallait se séparer. J'eus bien soin auparavant de renouveler à Magnin mes recommandations relatives à mes lettres et à ma sortie pour le dimanche 26. Ce fut convenu.

Il n'y avait donc pas à en douter. Magnin s'était laissé entortiller dans la soirée du 19, ainsi que je l'avais prévu. J'ai su, au surplus, depuis, que parmi les personnes avec lesquelles il s'était rencontré ce soir-là, se trouvaient l'ex-sous-officier Corse Vincigara et l'ami du camarade (!) qui avait déclaré n'être entré à l'atelier que dans le but de m'en faire sortir. Jolie société, n'est-ce pas, docteur? et animée à mon endroit de sentiments fraternels !... Oh ! je suis encore sur ce point on ne peut mieux renseigné : je connais jusqu'aux chansons qui furent chantées après boire... Et ce qu'il y a de plus singulier, c'est que j'ai su tout cela étant encore à Sainte-Anne !

Cependant nous en étions au nœud de l'intrigue. Je ne le sentais que trop. Certes, si j'avais eu à devenir fou, je le serais devenu entre le départ de mes visiteurs (jeudi 23) et le retour de Magnin (vendredi 24). Quelle nuit ! Je craignais que Magnin ne retombât dans les mêmes filets, que ma correspondance avec ma famille fût interceptée et remise à ma femme, qui aurait répondu à ma place ; j'avais d'autant plus de raisons de redouter ce péril que le fait s'était déjà produit pour la lettre du 27 novembre, qui ne me fut remise que le 16 décembre.

Mon anxiété était telle que je pris irrévocablement la résolution de m'évader au cas où

Magnin ne m'apporterait pas la lettre attendue... Cette détermination extrême s'explique facilement, et le docteur Robinet lui-même, quelque partial qu'il puisse être dans la question, n'y saurait reconnaître un symptôme de dérangement cérébral. Qu'on y songe! Je devais me souvenir qu'on avait déjà une première fois abusé de la bonne foi et de la naïveté de Magnin ; j'avais en outre devant les yeux le spectacle du malheureux parent de la femme Merlière, enterré vivant dans cet enfer... Une pareille perspective m'épouvantait. J'aurais tout fait pour m'y soustraire.

Aussi mon plan d'évasion fut-il vite bâti. J'eus soin de choisir, parmi les différents moyens qui se présentèrent à mon esprit, celui qui semblait réunir le plus d'obstacles et le plus de difficultés, et je suis bien sûr que les employés de Sainte-Anne, pas plus que les inquisiteurs de la rue Saint-Placide ne pouvaient songer à l'emploi d'un semblable procédé. Que voulez-vous, docteur ! La faim fait sortir le loup du bois, dit la sagesse des nations...

Ma détermination était bien arrêtée et mes

dispositions prises. Calcul fait de toutes les circonstances probables ou possibles, je ne devais plus coucher à Sainte-Anne si Magnin ne venait pas ou s'il venait sans lettre. Mais, afin de déjouer les soupçons de l'administration et surtout de mes ennemis du dehors, j'aurais dans tous les cas fait demander l'autorisation de sortir pour le dimanche 26.

Je ne m'en tins pas là et, à tout hasard, je préparai pour ma sœur la lettre suivante :

Paris, vendredi 24 décembre 1875.

Ma chère sœur,

Dans ma dernière lettre, datée du 19 courant, je te promettais sous peu de jours des renseignements sur ma situation et je te priais de m'écrire souvent, m'engageant à te répondre régulièrement.

Mais, ma chère sœur, *l'homme enfermé propose et les personnes libres disposent.*

C'est ainsi que dimanche dernier je recommandais, entre autres choses, à M. F. Magnin, qui est autorisé à venir me voir les dimanches et les jeudis, de une heure à trois heures, et qui peut, en outre, me voir quelques instants le vendredi matin; c'est ainsi, dis-je, que je lui recommandais de prendre, chez ma concierge, les lettres qui pouvaient m'y être adressées et de me les apporter en venant me voir le jeudi 23. Je lui recommandais aussi de prier M. Monier de me venir voir une fois par semaine, le laissant libre de choisir le jour, à condition toutefois que ce ne fût ni un dimanche, ni un jeudi. De cette façon, j'aurais eu quatre occasions par semaine de recevoir tes lettres et de te faire parvenir les miennes. Il n'en a pas été ainsi. M. Magnin est bien venu me voir, mais il a *oublié* de passer chez ma concierge et il n'a *pas pu voir* M. Monier. S'il m'avait fait venir de tes nouvelles, j'aurais répondu aujourd'hui, et vous auriez eu des détails le jour de Noël. Mais comme je dois voir M. Magnin aujourd'hui, j'écris ces quelques mots pour te tranquilliser.

Il me remettra ta lettre ou tes lettres, et j'y répondrai demain : de cette manière, je pourrai lui remettre ou peut-être mettre moi-même la réponse à la poste dimanche. Je me porte bien et je t'embrasse de tout cœur.

Ton frère qui t'aime bien.

Gabriel Mollin.

Mes craintes étaient exagérées.

Magnin vint, en effet, conformément à sa promesse. Il me remit une lettre de mes parents, m'annonçant qu'on avait, dans ma famille, reçu toutes mes lettres antérieures; on avait reçu aussi plusieurs lettres de ma femme. On y avait flairé un mystère coupable sur lequel on attendait tous renseignements de ma part. Mon père et ma sœur me consolaient et m'encourageaient, en ajoutant, — ce qui m'était surtout agréable, — qu'ils attendraient mes instructions pour récrire à ma femme et au docteur Robinet.

J'étais tranquillisé. Qu'on en juge plutôt.

Mardi, 21 décembre 1875.

Mon Gabriel,

En recevant trois lettres à la fois, dont une affranchie, et libellées de la même manière, je n'ai pas tardé à sentir qu'un malheur venait de te frapper.

Quel était ce malheur, sa nature et sa cause ? Je ne pouvais le deviner. J'ai donc dû écrire à Caroline plusieurs lettres pour avoir des renseignements.

J'ai bien reçu une réponse à chaque fois, mais je n'ai pu cependant percer le mystère sur la cause de ta maladie. Je n'ose te communiquer mes pressentiments à ce sujet. J'aime mieux attendre un aveu de ta part.

Moi seul et mon père connaissent ton indisposition. Tu peux donc, sans crainte, nous ouvrir ton cœur et nous communiquer tes peines ; ce sera non-seulement un grand soulagement pour toi, mais aussi une grande satisfaction pour nous. Malgré la gravité de la cause, nous pourrons, dans n'importe quelle circonstance, te consoler et t'aider à supporter tes peines, car il n'y en a pas que l'homme ne puisse et doive avoir la force de surmonter.

Toutes ont un remède, et souvent on ne peut le trouver que dans sa famille et parmi ceux qui vous aiment et vous affectionnent.

Nous attendons donc, mon père et moi, je ne dirai pas une longue lettre trop détaillée, mais deux mots seulement sur le motif de ta maladie.

J'ai reçu voilà huit jours une lettre de Caroline ; je lui répondrai demain et ne lui dirai point que tu m'as écrit avant d'avoir reçu ta lettre. J'avais l'intention de m'adresser au docteur Robinet, le sachant ton ami, pour connaître par lui la cause de ta maladie, mais ta lettre a modifié mon projet, je ne lui écrirai point.

J'attends ta réponse avec impatience.

Mon Gabriel, papa se joint à moi pour t'embrasser bien des fois.

Ta sœur qui t'aime bien.

Elisa Mollin.

Il va de soi qu'au parloir je donnai lecture à Magnin de cette missive réconfortante, en lui reprochant de ne pas me l'avoir apportée la veille. Ce retard apporté forcément à ma réponse ne pouvait, en effet, qu'aggraver l'inquiétude des miens. Je lui remis ensuite la lettre que j'avais écrite en le priant de la mettre à la poste.

Je lui demandai ensuite de sortir le dimanche 26, comme cela avait été convenu entre nous jusque-là. Il n'y voulut plus consentir. Sous je ne sais plus quel prétexte futile, la date fut changée, et il fut arrêté que je sortirais le lendemain samedi, jour de Noël. J'aurais, pour ma part, préféré sortir le dimanche, afin de voir mes amis à la sortie du cours, mais certaines personnes avaient un intérêt contraire : il ne fallait pas que je me rencontrasse avec les gens aux yeux desquels on m'avait fait passer pour fou furieux. Magnin voulant contenter tout le monde me fit sortir un samedi.

Je sortis donc le jour de Noël, à dix heures, et je me rendis chez moi, escorté bien entendu par mon surveillant ordinaire. — Une fois chez moi, je m'informai tout d'abord de ce qu'il y avait de fondé relativement au déménagement projeté, et j'appris que tout ce que Magnin m'avait conté le 23 n'était que mensonges, du moins en ce qui concernait le gérant de la maison, lequel non-seulement était étranger à toutes ces intrigues, mais ignorait même la fugue de ma femme et mon internement à Sainte-Anne. Néanmoins mon logement était à louer. Mes prétendus amis, ces fanatiques champions de la fixité du domicile, s'étaient tout simplement entendus, moyennant finance, avec ma concierge, pour mettre ce plan à exécution, sans égard pour mes intérêts, ni pour ceux du propriétaire, auquel on avait raconté une fable quelconque. On voulait qu'à ma sortie de l'asile je me trouvasse sans domicile... Heureusement, je pus mettre ordre à ces manœuvres inqualifiables et prévenir cet imminent danger!

Après cela, je proposai à Magnin d'aller déjeuner. Il me répondit que ma femme devait venir, qu'elle avait à me parler, que, par conséquent, nous devions l'attendre. J'acceptai d'attendre, et j'utilisai mon temps à inspecter les papiers qui m'avaient été enlevés le 28 novembre, et que j'étais allé reprendre le 19 décembre. — Je m'aperçus bientôt que ces papiers, dont on avait rempli une malle et fait un ballot supplémentaire, avaient été examinés avec un soin méticuleux. Même, on en avait soustrait certaines lettres de famille auxquelles je tenais beaucoup. Plus tard, on nia le fait, mais je maintins mon dire énergiquement, et après nombre d'efforts et de sollicitations, lesdites lettres me furent enfin restituées.

Dans quel but avait-on fait main-basse sur

toute la partie de ma correspondance relative aux pertes douloureuses qu'avait éprouvées ma famille ?

Dans quelle intention s'était-on emparé de ces lettres qui me rappelaient le souvenir de personnes qui m'étaient chères et que j'affectionnais ?

Car à part une seule lettre, tout ce qui m'avait été enlevé avait trait aux coups cruels que nous avait portés la mort et qui avaient si impitoyablement éclairci nos rangs. Je ne cite comme exemple que les deux lettres suivantes relatives à la mort de mon jeune frère, et qui, ainsi que je l'ai dit, ne me furent restituées que le 5 septembre 1877, et je me demande encore l'usage que ces gens sans cœur espéraient faire de semblables lettres.

Bourges, lundi 12 avril 1869.

Mon Gabriel,

Quelle nouvelle à t'annoncer, mon pauvre ami. J'ai reçu hier la lettre de la religieuse de Suez. Plus d'espoir. Notre pauvre Léon est mort dans des souffrances horribles le 5 mars à deux heures de l'après-midi. Je ne puis plus tenir la plume, les larmes m'aveuglent. Excuse-moi, mais je ne puis t'en écrire plus long ; depuis hier, nous ne faisons que pleurer. Et puis, j'ai peur pour ma mère dont la santé est déjà si chancelante, et mon père, mon pauvre père ! Écris-nous, je t'en prie, adresse quelques paroles de consolation à ma mère, cela lui fera du bien au milieu de sa douleur.

J'écris quelques lignes à Louis et à Alphonse pour les prévenir.

Occupe-toi de ce qu'il faut faire pour avoir ses effets. Au moins le pauvre enfant, si nous ne devons plus le revoir jamais, jamais, que nous ayons au moins ce qui lui a appartenu. Je t'écrirai demain, je serai peut-être un peu mieux et t'enverrai la lettre de la supérieure. Adieu, la plume me tombe des mains.

Je t'embrasse,
 Ta sœur,

      ÉLISA MOLLIN.

      Bourges, ce 13 avril 1869.

En t'adressant quelques lignes hier, mon Gabriel, je t'ai promis de te récrire aujourd'hui pensant que j'aurais été plus calme. Mais ma douleur est aussi vive et je ne puis, quand je songe aux souffrances qu'a éprouvées notre pauvre frère, m'empêcher de pleurer.

Imagine-toi le voir couché dans une de ces grandes salles d'hôpital dont l'aspect est si triste, entouré de l'indifférence des religieuses qui lui torturent le moral sans une main amie, pour lui presser la sienne, sans une figure de connaissance pour lui dire des paroles de consolation et mourant loin de son pays, loin de sa famille…

Combien il aura dû nous regretter et nous pleurer, le pauvre enfant…

Tu verras, par la lettre de la supérieure, comme il a souffert. Mais les souffrances physiques qu'il a éprouvées n'ont peut-être rien été, comparées aux souffrances morales ; car, pour qu'il soit arrivé à se confesser et à communier, ces religieuses l'auront torturé, et ne lui auront pas laissé un instant de repos. Lui qui s'en revenait si joyeux, si heureux de revoir sa famille et mourir si loin d'elle. Mon Léon ! mon pauvre Léon !

Je ne puis, mon Gabriel, te dire tout ce que je ressens lorsque je pense que nous ne le verrons plus jamais. Oh ! que c'est cruel, mon Dieu !

Ma mère est inconsolable ; nous pleurons toutes les deux et mon père a une de ces douleurs muettes qui font mal à voir.

Maman tient absolument à ce que je récrive à cette supérieure pour lui réclamer les effets de notre Léon, et elle dit que pendant près d'un mois qu'il est resté à l'hospice, il n'a pas été là sans nous écrire, mais que les religieuses auront empêché que la lettre nous parvînt dans la crainte qu'il nous dît ce qu'il possédait. Mon intention est bien de répondre à cette religieuse pour la remercier de son obligeance (elle a bien retardé à m'écrire ; comme tu le vois, sa lettre est datée du 1er avril et je l'ai reçue le 11), mais avant j'attendrai ta réponse. Je tiens essentiellement à ce que tu me renvoies sa lettre ; je veux la conserver, ne l'oublie pas.

Fais-nous réponse de suite, je t'en prie.

Nous t'embrassons tous de tout cœur.

Ta sœur qui t'aime bien,

Elisa MOLLIN.

P.-S. — Je t'en prie, mon Gabriel, n'oublie pas de me renvoyer la lettre de la supérieure.

Revenons à la journée du 25 décembre.

Ma femme n'arriva avec son enfant qu'à quatre heures. C'était sans doute convenu : je n'avais pas encore déjeuné, et l'on avait cherché à me faire perdre ma journée. Elle entama, en arrivant, le premier chapitre de sa leçon ; je l'interrompis et la congédiai sur-le-champ. « Va, lui dis-je, jouer la comédie en « compagnie des saltimbanques qui te dressent « à ce manège. Je ne suis pas disposé à t'en-« tendre ! » — Elle partit et j'allai enfin déjeuner avec le comparse. Puis, bien qu'il me restât encore plus de trois heures disponibles, je retournai à Sainte-Anne, toujours en compagnie de Magnin qui ne me quitta qu'à la grille.— Ma journée avait été à peu près perdue, car sauf la constatation de la disparition de mes lettres, et les précautions prises pour éviter le péril de rester sans domicile à ma sortie définitive, je n'avais rien pu faire d'utile...

Le lundi 27, Magnin revint me voir. Je lui remis une nouvelle lettre pour ma sœur, lettre où se trouvait ce passage : *Je ne vois aucun inconvénient à ce que tu écrives au docteur* ROBINET, *au contraire, et si je t'ai fait certaines recommandations, c'est tout simplement pour que tu ne te laisses pas dessaisir des lettres dont nous pourrons avoir besoin un jour ; envoie-moi copie des lettres de Caroline et conserve soigneusement les originaux, écris-lui souvent, provoque des explications, exige des réponses.* Je demande ensuite à Magnin s'il s'occupe de ma sortie définitive, et si je puis compter sur la prochaine visite de Monier ? Sa réponse est très-vague sur mon observation que la position de ma femme n'est pas tenable, que les parents chez qui elle est, sont sans ressources et ne peuvent lui venir en aide. Il me répondit que les positivistes s'en occupaient ; que la veille, il avait lui-même porté une nouvelle somme de 40 francs aux parents de ma femme. Cet argent résultait d'une cotisation faite le 26 à la sortie du cours. Cela explique mieux encore pourquoi on ne me faisait pas sortir le dimanche, car, à coup sûr, j'aurais assisté à la réunion et il n'aurait pas été possible de demander de l'argent « pour les pa« rents de cette pauvre femme, qui avaient « poussé le dévouement et le sacrifice jusqu'à « se charger de la femme et de l'enfant de

« notre malheureux ami Mollin que nous ne
« reverrons, hélas! peut-être jamais parmi
« nous. »

La mise en scène aurait raté. Quel dommage !

Mais poursuivons mon journal.

Le jeudi 30 décembre, je redemande à Magnin si décidément il veut s'occuper de me faire sortir définitivement: « Je tiens absolument
« à sortir d'ici, lui dis-je ? Je ne comprends pas
« que des amis fassent des souscriptions pour
« les parents de ma femme tandis qu'ils laissent
« le mari enfermé ! Avec toutes vos comédies,
« vous êtes venu à bout de me faire perdre ma
« bonne saison ! » Magnin resta muet. J'insistai de nouveau et il fut décidé qu'il viendrait le lendemain, et que je sortirais *provisoirement* le 1er janvier. Je n'en demandais pas davantage : mon but était d'aller à la réunion du 1er janvier où j'étais sûr de rencontrer de véritables amis. J'y tenais d'autant plus que j'avais appris l'arrivée à Paris des docteurs Sémérie et Audiffrent. Si j'avais pu leur parler et leur expliquer mon affaire, avant qu'ils ne fussent circonvenus par mes ennemis, les choses

auraient pris rapidement une autre tournure.

Mais cela ne faisait pas votre affaire, M. Robinet ! Aussi, le lendemain, vendredi 31 décembre, ma femme vint me voir, m'annonçant que M. Magnin n'avait pu venir lui-même et qu'il lui était impossible de venir me prendre le lendemain. Oh ! la toile d'araignée où j'étais pris était savamment ourdie !

Ce vendredi-là, le temps était très-doux. J'en profitai pour faire dans la cour un bout de promenade avec ma femme. Elle m'apprit des choses intéressantes. Elle était, me dit-elle, assaillie de visiteurs qui tous l'engageaient à attendre et à ne pas réintégrer trop tôt le domicile conjugal... Voyez quel contraste ! Tandis que je ne pouvais obtenir la visite d'un ami sincère comme Monier, tous mes faux amis entouraient ma femme ! Et ce qu'il y a de particulièrement remarquable, ce sur quoi j'insiste d'une façon spéciale, sans toutefois y adjoindre les commentaires sévères que l'opinion publique, saisie de la question, saura bien faire toute seule, c'est ceci : c'est que les gens qui poursuivaient ainsi ma femme de leurs condoléances et de leurs exhortations systématiques, c'étaient tous ceux qui, de près ou de loin, subissent votre influence, M. le docteur ! Il n'en manqua pas un. On les vit tous à cette espèce de pèlerinage, tous, depuis le docteur Sémerie (1) jusqu'au marmiton Chottard... Encore une singulière coïncidence à ajouter aux autres non moins singulières coïncidences que nous avons déjà relevées en passant !

Et, quoique je tienne essentiellement, pour des raisons toutes personnelles, dont je n'ai point à vous dire la genèse ni la valeur, à m'abstenir de toute appréciation de faits qu'il suffit de constater, vous me permettrez bien cependant de trouver au moins étrange, en cette circonstance, la conduite de vos disciples et affidés ! Comment ! ce sont des défenseurs à outrance de la famille qui vont encourager la femme adultère dans sa faute et dans sa honte ! Ils aggravent encore sa criminelle situation en l'amenant à pactiser avec les ennemis de son mari, à se faire leur instrument de haine ! Et cependant dans

(1) Nous connaîtrons un jour les procédés qui furent employés pour tâcher de compromettre le docteur Sémerie dans cette affaire malpropre.

les livres que ces pèlerins propagent avec une ferveur digne d'éloge, il est enseigné que les articles du Code prescrivant la cohabitation et la fidélité réciproque sont insuffisants ; que la fidélité conjugale doit se prolonger outre tombe par le veuvage éternel et que la cohabitation doit s'éterniser par la communauté du cercueil !

Non-seulement le culte positif consacre à jamais la monogamie catholique, mais il la complète par l'institution, vraiment auguste, du veuvage éternel, qui épure et consolide directement le lien conjugal (Docteur Robinet. *Vie d'Auguste Comte*, p. 67).

Nous conservons donc le mariage indissoluble et, loin d'abandonner cette conquête précieuse, nous la consoliderons en prolongeant le mariage jusqu'au-delà du tombeau, par le veuvage éternel. (*Positivistes et catholiques*, p. 115).

La mort même des deux époux ne devra pas détruire cette intime combinaison, cette fusion de deux êtres en un seul, et la communauté du cercueil (!!!) ultime espérance du mourant, consolation suprême du survivant viendra mélanger les restes de ceux que la mort avait pu un instant séparer, sans désunir (*Id.*, p. 121).

Les positivistes orthodoxes feraient mieux, au lieu de répandre ces préceptes de morale posthume, de ne pas encourager l'immoralité des vivants ! — Qu'avez-vous à répondre, docteur ? Quelles excuses plausibles, quelles circonstances atténuantes allez-vous invoquer, — *je ne veux pas dire pour vous,* — mais pour vos amis ?

Le devoir d'une honnête femme est d'avertir son mari quand elle apprend que des misérables ont conspiré sa perte. Et voici que, par des manœuvres perfides, on oblige ma femme, au lieu de me mettre en garde, à s'associer aux combinaisons odieuses où je prétends porter une lumière vengeresse !

Remarquez-le bien, je n'accuse pas tant ma femme que ceux qui ont abusé d'elle au point de lui faire fouler aux pieds son honneur et son devoir… Madame Mollin, en effet, n'est qu'une femme. Elle appartient au sexe faible, ou réputé tel. Elle n'avait reçu aucune instruction, hormis le peu que j'avais pu lui apprendre moi-même avant et depuis notre mariage. Ajoutons qu'elle avait été élevée à l'école du malheur. Son père était homme de peine dans un chantier de charbon et sa mère porteuse de pain : toutes deux fonctions très-honorables et très-utiles sans doute, mais très-fatigantes et peu lucratives. Il en résulta qu'au lieu d'envoyer l'enfant à l'école, on l'envoya de préférence à l'atelier. On le voit, sa jeunesse fut très-négligée. Ajoutons aussi qu'elle perdit son père, alors qu'elle n'était encore qu'une fillette, et sa mère avant d'être devenue une femme. Dans ces déplorables conditions, elle ne pouvait être bien solidement armée contre les tentations et les périls de la vie... Sa responsabilité doit en être déchargée d'autant !

Il était donc on ne peut plus facile à des hommes réputés savants d'agir sur la nature, foncièrement bonne et aimante, de cette créature, si mal lotie à d'autres points de vue. Ils avaient d'autant plus facile accès auprès d'elle qu'elle devait avoir tout lieu de les croire honnêtes et intelligents, puisqu'elle avait toujours entendu son mari, trompé lui aussi par d'hypocrites apparences, faire leur éloge. Autre chose : elle n'ignorait pas que quand nous nous sommes connus, il y avait déjà longtemps que je les fréquentais... Comment aurait-elle pu, avec son caractère ondoyant et son inexpérience de la malignité humaine, refuser de croire ce que ces amis à double visage lui contaient sournoisement de mes antécédents ? — Ce sont ceux-là, ce sont ces instigateurs occultes qui sont les vrais coupables... M. Robinet, disciple d'Auguste Comte et vulgarisateur du positivisme, osera-t-il soutenir le contraire ?

Deux souvenirs encore, pour appuyer ces observations suspectes. Ma femme m'avait dit, le jeudi 23, que vous lui aviez défendu de me rappeler certaines choses, sous le prétexte que ces réminiscences pourraient nuire à mon rétablissement... Quelles choses ? Pourriez-vous me le dire, docteur, à présent que vous n'avez plus rien à craindre, ni à ménager ? — Et cet autre propos que me tint encore ma femme à la même date : « J'aimerais mieux que tu sois fou... » Qu'est-ce que cela veut dire ? Lui aurait-on fait croire, lui auriez-vous fait croire enfin, puisque c'est vous qui étiez mis par elle en cause, que j'étais un malhonnête homme, ce qui est pire que d'avoir le cerveau passagèrement dérangé ?...

Ce n'est pas tout. Les parents de ma femme, ses sœurs et ses beaux-frères auraient pu faire contre-poids à la néfaste influence des traîtres de mon entourage ! Mais ils n'étaient pas dans les conditions nécessaires à cette œuvre de solidarité ! Au contraire, bonapartistes jusqu'à la moelle avec toutes les qualités (?) inhérentes à cette opinion condamnée par l'honnêteté populaire, ils adhérèrent avec enthousiasme aux menées dirigées contre le républicain socialiste qu'ils me savaient avoir toujours été ! — C'était d'ailleurs pour eux une nouvelle mine à exploiter, et qui s'ouvrait à leur appétit, juste au moment psychologique. Voici quelle était alors la situation du couple chez lequel ma femme avait transporté ses pénates après son escapade du 8 novembre. Il est bon de signaler tout cela : il n'est point, en effet, dans un *imbroglio* de ce genre, de détails insignifiants, ni inutiles. Cette famille n'a point d'enfants et l'un de ses principaux moyens d'existence était le suivant : elle logeait sous son toit une demoiselle de mœurs équivoques, laquelle était, paraît-il, très-généreuse pour ses hôtes... Ce qui vient de la flûte retourne au tambour, dit le proverbe... Mais voici que, soit par maladresse, soit par ignorance, cette demoiselle commit une imprudence professionnelle : elle devint enceinte. Cet accident coûta cher aux personnes dont elle payait si bien l'hospitalité. Au lieu d'être une ressource, elle allait devenir une charge… Il fallut donc changer les batteries. La combinaison montée pour me faire disparaître venait à point; elle pouvait devenir lucrative… Les parents de ma femme y entrèrent avec armes et bagages !

Je dois dire que leurs calculs étaient faux. Ce qu'ils voulaient, en effet, je le sais. C'était, sachant mon père âgé et malade, s'emparer, par l'intermédiaire de ma femme, de la part, à moi afférente, du modeste patrimoine… Mais, franchement, cela ne valait pas la peine de sacrifier la liberté ni de compromettre la vie ou la santé d'un homme ! A part, en effet, le linge, le mobilier, l'outillage et les marchandises, la succession se composait comme il suit :

1° Une maison située à Bourges, rue Bourbonnoux, n° 103, consistant en un rez-de-chaussée et un premier étage ; plusieurs chambres et cabinets, boutique, magasin, grenier au-dessus, caves au-dessous, cour et lieux d'aisances.

2° Trois maisons situées à Bourges, rue du Champ-de-Foire, section Bourbonnoux, composées aussi de plusieurs chambres et cabinets, greniers au-dessus, deux caves au-dessous, une cour et environ 15 ares 50 centiares de terrain en jardin, le tout d'un seul tenant.

(*Extrait de l'acte passé devant M° Pellé et son collègue, notaires à Bourges, par lequel j'ai vendu mes droits de succession à mes frères* (5 mai 1876).

Je répète que cela ne valait pas la peine de sacrifier la vie d'un individu, car nous étions quatre héritiers, et mon père avait, par un testament reçu par M° Pellé, le 1er juin 1874, légué à ma sœur, à titre de préciput et hors part, un quart en pleine propriété dans tous les biens mobiliers et immobiliers qui composeraient la succession du testateur.

Mais ces gens-là n'y regardaient pas de si près !

Il y avait, dans tous les cas, assez pour faire bombance pendant quelque temps...

Encore une fois, par conséquent, toute coupable, toute criminelle qu'elle ait été, ma femme est excusable dans une large mesure...

Ne se voyait-elle pas entourée, soutenue par les amis de son mari, au moins par ceux qu'on lui avait enseigné à considérer comme tels ? D'autre part, elle se sentait appuyée par sa famille. Elle me savait abandonné, condamné par tout ce monde là... Et tout cela sanctionné par des docteurs, des hommes de science !... Ah ! je comprends qu'on proscrive le libre examen !...

Mais il est temps de fermer cette trop longue digression pour revenir à mes moutons.

Je passai donc mon premier jour de l'an à Sainte-Anne. Et à la réunion où j'aurais dû aller, où j'aurais voulu apparaître comme le spectre de Banco à Macbeth, on fit une nouvelle collecte pour cette « pauvre Madame Mollin, dont le mari était fou... » J'ajoute que l'attitude du Corse Vincigara à cette réunion et les paroles enfiellées qu'il eut l'inconvenance d'y prononcer éveillèrent les soupçons de plusieurs de mes amis. On interrogea Laporte, mais la façon mystérieuse dont il essaya de détourner la question, confirma leurs soupçons... La recette n'en fut pas moins très-copieuse. Cela se comprend. Ce jour-là tous les positivistes de la rue Monsieur-le-Prince se réunissent pour fêter l'Humanité... Singulière humanité, dont la gloire consiste à emprisonner ses enfants ! — Enfin, ne récriminons plus. Tout alla bien, puisque les parents de ma femme purent faire ripaille à la Villette, et boire à mon internement perpétuel et à la prospérité de l'Eglise positiviste orthodoxe !

Le dimanche 2 janvier, mes visiteurs m'apportèrent de quoi manger. Le festin de la veille avait laissé des restes ! Ne pouvant pas parvenir à m'irriter, en me refusant ce dont j'étais privé, on s'évertuait à obtenir ce résultat en m'apportant ce dont je n'avais aucunement besoin. Le nouveau procédé, au grand dépit de mes persécuteurs, ne réussit pas plus que le premier. Je restai sans colère, mais aussi sans faiblesse, ce qui prouve que la modération n'exclut point la fermeté.

« Il y a un mois, dis-je à mes visiteurs, que je vous prie de m'apporter un verre de vin et un morceau d'étoffe pour faire une poche à ma veste. Vous n'en avez rien fait. J'ai été obligé, en présence de votre mauvais vouloir, d'avoir recours à mes compagnons d'infortune pour obtenir ce service. Aujourd'hui que vous savez que, moins la liberté, j'ai ici tout ce dont j'ai besoin, vous m'apportez des vivres ! Remportez-moi vos comestibles dont je n'ai que faire. »

Puis je remis à ma femme des biscuits, des raisins secs et une orange :

« Prends ceci, lui dis-je, ce sont mes desserts ; tu les donneras à notre enfant. »

Magnin partit, alléguant qu'il voulait arriver rue Monsieur-le-Prince, avant la fin du cours, probablement pour la souscription traditionnelle... Il revint le lendemain 3 janvier, puis le mercredi 5. Ce jour-là, je sortis avec lui, ayant l'idée bien arrêtée de découvrir quelque chose. Nous passâmes d'abord chez moi, puis nous allâmes déjeuner. Ensuite, nous nous rendîmes chez les parents de ma femme, où je rencontrai une « dame » que vous connaissez bien, monsieur le Docteur, et qui s'offrit pour aller prévenir Madame Mollin, et l'inviter à descendre. Comme si j'avais besoin d'intermédiaire ! Mais c'était la continuation de la comédie ; il fallait bien refaire la leçon à ma femme et lui rafraîchir la mémoire avant l'entrevue... C'était facile à voir : aussi je refusai net les services de la dame en question. Pendant qu'elle insistait auprès de Magnin, je montai l'escalier et Magnin, de guerre lasse, me suivit.

Une fois en haut, je fis asseoir ma femme auprès de moi, je pris mon enfant sur mes genoux, et sûr désormais qu'aucune influence externe ne pesait plus sur elle, je réclamai brusquement à ma femme les lettres qu'elle avait reçues !

Mauvaise affaire pour les organisateurs de l'intrigue ! J'obtins ainsi, en effet, connaissance des deux lettres contradictoires que j'ai reproduites plus haut, et que vous aurez bien de la peine à expliquer, monsieur Robinet, quelles que soient les ressources de l'arsenal sacerdotal. Je pus en même temps jeter les yeux sur certaines lettres émanant de citoyens positivistes de la province *dont ma femme ignorait l'adresse*, ce qui prouvait clair comme le jour que mon affaire, digne apparemment d'une publicité à grand orchestre, avait fait l'objet d'une circulaire officielle. Je remarquai notamment l'une de ces lettres qui portait textuellement ces mots : « Ne vous désolez pas, Madame, *n'avez-vous pas toute la famille positiviste pour vous aider ?...* » Une autre signalait un envoi d'argent...

Détail non moins typique. Parmi toutes ces paperasses, je découvris l'adresse de Mettrivière (1). Comme je demandais à ce propos des explications à ma femme, elle me répondit que c'était l'adresse d'un individu qui, pendant que j'étais à la Préfecture de police, s'était présenté plusieurs fois chez la concierge pour réclamer un *pourboire...* Vous vous souvenez, sans doute, Monsieur Robinet, de la légende de Joseph vendu par ses frères ? Le public s'en souvient aussi...

Je fis lire à Magnin toutes ces lettres étranges qui, pour ma part, ne faisaient que confirmer mes soupçons et leur donner un corps. Mon intention était bien de les emporter à titre de documents. Il s'y opposa et ne voulut même pas que ce jour-là j'en prisse copie... Je dus

---

(1) Mettrivière, qui fait actuellement partie du personnel de la Morgue, était employé à Sainte-Anne à l'époque où le prédécesseur du marchand de vins du quai des Tournelles, n° 30, fut enfermé dans cet établissement où il mourut peu de temps après.

me contenter de les relire, de les bien graver dans ma mémoire et d'en relever les dates (1).

Puis, après m'être entendu avec ma femme qui s'engagea formellement à venir le lendemain à Sainte-Anne, je donnai à Magnin le signal du départ.

La dame, qui s'était si familièrement proposée pour prévenir ma femme, attendait dans la cour, en compagnie d'un particulier que je voyais pour la première fois. Magnin, pour qui ce n'était pas un inconnu, causa un instant avec lui et nous allâmes tous les quatre prendre un verre de vieux cognac au restaurant du *Cadran bleu*. Là-dessus, nous partîmes. Chemin faisant, je dis à Magnin : « Vous n'avez donc pas l'habitude de monter chez les parents de ma femme quand vous avez à lui parler ? — Non, répondit-il, je préfère la faire demander,

---

(1) Quelque temps après ma sortie définitive de Sainte-Anne et, sur ma proposition, tous ces papiers furent confiés par ma femme à un ami commun. Ce dépôt eut lieu aux conditions suivantes : 1° ne communiquer ces documents qu'aux positivistes connus ; 2° ne s'en dessaisir sous aucun prétexte, avant que copie des lettres des époux Robinet fût prise et certifiée conforme aux originaux. Mais comme le docteur Robinet refusa l'enquête, ces lettres furent remises à ma femme, puis elles passèrent entre les mains de leurs auteurs. A ce sujet, pourriez-vous, Docteur, me dire combien vous les avez payées ?

car je ne tiens pas à me rencontrer avec votre beau-frère ; il est ivre du matin au soir, et on ne peut pas raisonner avec un homme qui est continuellement saoul.— Comment expliquez-vous les lettres que ma femme vient de me communiquer? » lui demandai-je.— Il me répondit simplement, sans se prononcer au fond, que ma femme avait eu tort de me les montrer, qu'à sa place, il se serait bien gardé d'en agir ainsi, etc., etc.

Cette attitude et ces tergiversations achevèrent de déchirer le voile. Je compris sa conduite à mon égard. Il y avait là une *Raison d'État*, en présence de laquelle, aux yeux des fanatiques, la raison, l'honneur, la vie même d'un pauvre diable comme moi ne devaient pas peser un fétu. C'était le prolétariat, personnifié par Gabriel Mollin, qui devait être, pour des motifs supérieurs à tous les droits et tous les intérêts vulgaires, impitoyablement sacrifié aux susceptibilités et aux prétentions jalouses de la bourgeoisie, personnifiée par quelqu'un que vous connaissez, M. Robinet, et que l'opinion publique finira bien, à son tour, par connaître, grâce à l'enquête que vous redoutez si fort, mais qui se fera quand même, tôt ou tard !

J'étais fixé : je n'avais plus rien à attendre de Magnin, ni de personne ; je ne devais plus compter que sur moi-même pour me délivrer.

J'eus bien un instant l'idée de planter là Magnin. Mais je réfléchis que si je ne parvenais pas à me soustraire aux poursuites des agents pendant les trois jours de recherches réglementaires, je ne ferai là qu'aggraver ma situation, à la satisfaction de ceux qui avaient prémédité mon incarcération viagère.

Puis, la seule pensée que je pourrais repasser par la Préfecture de police m'effrayait. J'y avais été si bien ligoté la première fois que je redoutais de subir une deuxième édition des tortures atroces auxquelles j'avais été soumis.

J'étais, comme on dit dans mon pays, satisfait de mon huile, et n'avais nullement envie d'aller réclamer mon pain de noix. Ma situation était d'ailleurs très-supportable ; j'étais, en effet, par une correspondance régulière, en relations constantes avec ma famille. C'était là un appui moral plus que suffisant pour me permettre d'attendre que je fisse les démarches nécessaires pour me tirer de là régulièrement.

Comme je marchais encore très-difficilement, et que je voulais néanmoins utiliser le reste de la journée à voir des personnes de connaissance, je proposai à Magnin d'aller dîner dans un établissement fréquenté par les ouvriers de ma profession et d'y passer la soirée. — Magnin accepta. — Je quittai la société à huit heures et demie, sans dire, cela se comprend, que j'allais me rendre dans une maison d'aliénés, dont, grâce à mes amis, j'étais devenu l'un des pensionnaires. Je me rendis ensuite chez moi, où j'écrivis à mes parents, puis je pris la direction de Sainte-Anne en compagnie de Magnin qui ne me quitta qu'au coin des rues Ferrus et Cabanis. Une fois rentré, je songeai aux moyens de me libérer sans le secours de personne, ainsi que je l'avais, dès ce jour, irrévocablement résolu.

Mon intention était bien d'employer, pour sortir, les voies régulières. Mais quelles étaient-elles ? Je ne pouvais pas évidemment bénéficier de cette disposition de la loi du 30 juin 1838 (article 14) qui autorise la sortie d'un individu enfermé dans une maison d'aliénés, même avant que le médecin ait déclaré la guérison, si cette sortie est requise par un membre de la famille. Je tenais à ne pas déranger mes parents et à ne pas leur faire voir trop tôt, ni trop brusquement, en quelles mains je m'étais jeté de gaieté de cœur. Je ne pouvais, d'autre part, compter sur ma femme, toute à la dévotion de mes ennemis. Ma seule ressource était donc l'article 13 de cette même loi de 1838, article ainsi conçu :

Toute personne, placée dans un établissement d'aliénés cessera d'y être retenue, aussitôt que les médecins de l'établissement auront déclaré que la guérison est obtenue.

Je devais donc m'adresser au médecin de Sainte-Anne, lequel est catholique pratiquant, puisqu'il va régulièrement à la messe...

Qu'on juge de mon embarras! Jusque-là, j'avais eu une entière confiance en l'école positiviste, à laquelle j'avais appartenu quinze ans. J'avais toujours cru à la sincérité de ses prédications et de ses livres. J'étais sérieusement persuadé qu'elle poursuivait la réforme sociale par la transformation des mœurs... Hélas! j'étais en train de faire, à mes dépens, l'expérience de mon erreur !... Les positivistes orthodoxes flétrissent (en paroles) les abus et les injustices, ils prêchent (pas d'exemple !) que chacun doit subordonner ses instincts personnels à l'intérêt social ; ils prétendent substituer le stimulant généreux de la fraternité aux mobiles mesquins de l'individualisme... J'avais donné tête baissée dans ces espérances et ces déclamations, et je m'apercevais trop tard que j'avais été victime d'hypocrites charlatans ! Au lieu de me soutenir dans ma détresse et mon malheur, ces faux amis ne travaillaient qu'à m'accabler ! Ces prétendus vengeurs de la morale étaient plus redoutables pour moi que ne l'auraient été des souteneurs de filles qui, eux au moins, s'ils ne se piquent pas de vertu, ont conservé je ne sais quelle tradition confuse de solidarité !

D'un autre côté, je trouvais indigne d'un libre-penseur d'aller demander à un clérical le service d'une libération. Cependant, comme toute autre issue m'était fermée, il fallut bien me résigner à recourir au moyen désespéré et humiliant auquel me contraignait la haine des escobars du positivisme !

Je me hâte d'ajouter, pour ne pas encourir le reproche d'injustice systématique, que le docteur Dagonet, en dépit de son religiosisme, était un parfait honnête homme, sur la probité duquel j'aurais dû, dès l'abord, faire un tout autre fond que sur la vertu problématique des exploiteurs de la mémoire d'Auguste Comte. En voici la preuve. Tandis que le bouffon F. Magnin refusait continuellement de m'apporter des livres, sous le fallacieux prétexte que je n'avais pas la force de lire, le docteur Dagonet, dès mon entrée à Sainte-Anne, mit à ma disposition la collection de l'*Encyclopédie portative*. J'ai pu lire ainsi : « la Médecine légale, l'Hygiène privée, l'Hygiène publique, la Physiologie, l'Économie politique (d'après Blanqui), etc... On le voit, je ne perdais pas mon temps. Tous les jours, en effet, j'allais à la salle d'études, où je m'occupais surtout de mathématiques : — singulière distraction pour un fou réputé furieux ! — C'était en dehors des heures d'études que je me livrais aux lectures sus-indiquées. Je lisais même quatre journaux, y compris, monsieur Robinet, celui dans lequel vous publiez vous-même vos propres élucubrations, l'*Évènement*.

Pas besoin d'ajouter que, joignant l'agréable à l'utile, je ne dédaignais pas de faire de temps en temps, tout en fumant ma pipe, une partie de cartes ou de dominos. Ceci vous prouve, Docteur, que toutes vos intrigues ne m'avaient pas fait perdre ma sérénité. Je vous connaissais, et tout en étant fixé sur vos intentions, je ne m'effrayais guère... Que voulez-vous? Je me souvenais que les bonnes femmes de mon pays ont un dicton qui revient à dire que « la nature a refusé des cornes aux mauvaises bêtes... » Aussi tout en me tenant sur mes gardes, je tenais à honneur de ne point me laisser abattre : des cloportes ne suffisent point pour terrasser un homme !

Aussi, dès le lendemain, je surmontais toutes mes répugnances, et, m'adressant au docteur Dagonet, je lui demandais de m'indiquer les moyens à employer pour sortir de son établissement. — « Si vous voulez sortir, me répondit-il, je n'y mets aucun empêchement ; seulement, il faut que votre dame vienne. Prévenez-là de venir un lundi ou un vendredi, et je vous ferai partir. » — « Elle doit, lui dis-je, venir aujourd'hui, je la prierai de revenir demain. »

Contrairement à sa promesse de la veille, ma femme ne vint pas. Le vendredi, Magnin vient avec Monier.

Ce détail de la présence de Monier me semble important à signaler. J'avais réclamé sa venue souvent avant ce jour, mais toujours en vain. Comment se pouvait-il faire qu'il se décidât ainsi un beau jour, inopinément, à se rendre à ma prière? Pourquoi ce citoyen sérieux, indépendant, serviable, venait-il précisément avec l'homme qui avait refusé de me rendre toute espèce de services? Pourquoi surtout venait-il au moment précis où je n'avais plus besoin de personne? — N'ai-je pas toutes raisons de soupçonner là-dessous quelque ruse mystérieuse et de croire qu'on avait jusque-là induit Monier en erreur à mon propos?

D'ailleurs, ce que dit Magnin en sa présence, est significatif. — Commençons par le commencement.

Magnin débuta par me réclamer les lettres que les époux Robinet avaient adressées à ma femme. On le voit, la sollicitude pour la coterie prévalait sur la sollicitude envers le prisonnier qu'il venait visiter. — Je me hâte d'ajouter que je lui répondis que je ne possédais pas ces lettres, qu'on eût bien aimé, j'imagine, dissimuler ou même détruire.

Monier m'interrogea, au contraire, sur le régime de l'établissement. — La différence est sensible. D'un côté, un homme de cœur qui s'intéresse vraiment, sincèrement, à l'ami dans le malheur. De l'autre, l'homme de paille de la bourgeoisie qui ne songe qu'à s'acquitter de sa peu louable mission, et qui, dans le trouble de sa maladresse, oublie qu'il était avec moi le jour où je pris connaissance des lettres en question et ne sait même plus qu'on avait refusé de les laisser entre mes mains... La discipline lui avait fait perdre la mémoire : ce n'était plus qu'une machine exécutant inconsciemment les ordres du tribunal secret...

Vous vous souvenez sans doute de cette enseigne caricaturale qu'on voyait, il y a quelques années, sur les boulevards et qui représentait un brigadier en train de faire travailler ses hommes à remplir une auge dont le fond était percé. Sur la remarque d'un de ses subordonnés, qu'on ne réussirait jamais à combler ce nouveau tonneau des Danaïdes, il répondait avec une insouciance superbe : « L'adjudant a commandé de remplir cette auge. Silence dans les rangs et versez toujours ! »

Magnin ressemble à ce brigadier. On en arrive là, qu'on soit *civil* ou militaire, avec la pratique de l'obéissance passive et la proscription du libre examen...

Au moment où je répondais à la question de Monier que j'avais moins à me plaindre des procédés de l'administration que de ceux de mes visiteurs, Magnin m'interrompit : « Il faut,
« me dit-il, que vous sortiez d'ici. Le séjour
« de cette maison vous est funeste : il faut
« vous en délivrer le plus promptement, pos-
« sible. — Tiens ! répliquai-je, vous me sem-
« blez bien pressé aujourd'hui, M. Magnin ;
« à quoi dois-je attribuer ce revirement subit ?
« — Je vous répète que vous devez sortir d'ici
« au plus tôt. *Maintenant vous raisonnez*
« *comme nous*. Il est temps de recouvrer
« votre liberté. — Je raisonne comme vous
« quand vous raisonnez comme moi, ce qui

« ne vous est pas arrivé souvent depuis que
« je suis ici. Asseyons-nous donc et causons
« un instant. »

Magnin refuse de s'asseoir, sous le fallacieux prétexte que le médecin les a engagés à ne rester avec moi que quelques minutes. J'insiste, mais Magnin reprend : « Allons ! ça va
« bien ! Au revoir ! Nous allons bientôt vous
« faire sortir d'ici. »

Je vous l'avoue, cher et amé docteur, si votre valet ne m'avait pas, la première fois qu'il était venu me voir à l'Admission, demandé si je le reconnaissais, je m'y serais laissé prendre. J'aurais cru qu'il s'intéressait à moi, et je me serais demandé si, en réalité, il ne s'était pas opéré en moi un changement dont la conscience m'échappait. Mais, heureusement, je savais à quoi m'en tenir sur le compte d'un Monsieur qui vous demande « si vous le reconnaissez », quand vous venez de lui dire : « Bonjour, monsieur Magnin. Comment vous portez-vous, monsieur Magnin ?... » On voit d'étranges choses dans ces maisons qui, dans certaines circonstances, peuvent si avantageusement remplacer la Bastille !

Cependant, j'insistais toujours pour faire rester mes visiteurs. « Il sera temps de vous en aller, leur disais-je, quand les employés vous préviendront que l'heure réglementaire a sonné. Dites-moi donc, en attendant, monsieur Magnin, ce que vous a dit le médecin ? — Ce n'est pas moi qui l'ai vu, répondit-il. M. Monier seul est entré. — Mais la dernière fois que vous avez eu occasion de le « voir, que vous a-t-il conté ? — Il m'a dit « que, pour vous, *c'était toujours la même* « *chose*, et que vous vous obstiniez à refuser « de dire pourquoi votre femme vous avait « quitté. — Je ne peux pas le lui dire, pour « la bonne raison que je n'en sais rien. Si « j'affirmais savoir des choses que j'ignore, « le médecin me prendrait pour un fou, et il « n'aurait pas tort. Mais ce que je ne sais pas, « je le saurai, soyez-en persuadé ! — Vous ne « pouvez pas éclaircir cette affaire ici. Il faut « sortir. Vous allez bien maintenant. Bon « courage ! »

Et mes deux visiteurs s'en allèrent.

Vous doutez-vous, docteur, vous qui êtes si fin et si rusé, des raisons pour lesquelles je raconte cette entrevue avec un tel luxe de détails? — Non, sans doute.— Eh bien! pour ne pas vous faire trop cruellement languir, je vais vous le dire tout de suite. C'est parce que ce jour-là j'ai vu clair, c'est parce que ce jour-là certains points obscurs du fil conducteur qui me servait à me guider au travers de toutes ces machinations ténébreuses se sont subitement illuminés.

Voilà ce que j'ai vu.

On avait voulu me rendre fou, mais on n'avait pas réussi. En désespoir de cause, au moins voulait-on me faire passer pour avoir été réellement fou pendant un certain temps. Il fallait, pour cela, avoir la caution d'un homme sérieux. Ce fut sur Monier qu'on jeta le dévolu... Après l'avoir longtemps écarté de moi, on lui ménagea cette entrevue tardive, dans laquelle fut tenue la conversation précitée. Désormais, Monier allait croire que j'avais été fou, mais que j'étais guéri. Aux incrédules, on pourrait dire : « Demandez à M. Monier, qui va voir Mollin. » Et Monier, trompé par une mise en scène habilement disposée, ne manquait pas de répondre :

« *Maintenant*, il va bien. Je l'ai vu, il est comme autrefois ! »

Quant à moi, il était reconnu que *je raisonnais comme Magnin*. Quelle garantie !... Mais Magnin ne *raisonne* pas, il *résonne*, je veux dire qu'il obéit passivement à l'impulsion qu'on veut bien lui imprimer. C'est un instrument dans lequel le premier venu peut souffler tous les airs qui lui passent par la tête : il jouerait aussi bien le *Miserere* que la *Carmagnole*... Je puis bien le dire, j'y ai soufflé moi-même, et, ma foi ! il *résonnait* tout aussi docilement que quand c'est vous qui l'embouchez, harmonieux Docteur. Les jours où je le faisais venir pour remplir les formalités nécessaires pour ma sortie, il me suivait comme un chien, et répétait sans objection tout ce que je lui disais de dire... Aussi, je le répète, raisonner comme Magnin, cela ne semble guère, même pour un homme qui vient de passer deux mois dans une maison d'aliénés, un suffisant certificat de virilité d'esprit !

Ce n'est pas que je lui en veuille, au pauvre cher homme. Il n'est plus conscient, partant plus responsable. C'est un pantin sans méchanceté dont d'autres tiennent les ficelles, lui faisant jouer un rôle aussi ridicule pour ses cheveux blancs que nuisible aux intérêts de la doctrine qu'il est censé représenter devant l'opinion publique. — J'ai fait jadis l'éloge de Magnin dans mon rapport sur le Congrès de Bâle. Je n'ai rien à retrancher aux félicitations méritées que je donnais alors à l'énergie avec laquelle, en 1845 et en 1855, il avait mieux aimé prolonger librement son chômage, plutôt que de coopérer à des œuvres dont il réprouvait la destination. Mais, depuis, il lui est survenu des malheurs. Il s'est trouvé à ne plus avoir la vue assez bonne pour vivre de son travail. C'est alors qu'un subside lui fut accordé. Par quelles personnes, je l'ignore. Ce doivent être, dans tous les cas, des gens honnêtes, car les intrigants ont autre chose à faire qu'à pensionner les invalides du prolétariat. Mais ce malheur a brisé son ancienne énergie, amolli son caractère et annihilé sa dignité. S'il eût été encore en état de gagner sa vie, s'il eût continué à se retremper perpétuellement au creuset du travail, jamais il n'eût prêté son concours aux intrigues inavouables où j'ai failli perdre la raison. Je suis même persuadé qu'il eût protesté publiquement contre le rôle servile qu'on voulait lui faire jouer... Hélas! le Magnin de 1876 n'était plus le Magnin de 1845. Il s'est malheureusement fait le docile instrument d'une coterie de bourgeois ingrats, dont je ferai justice, coûte que coûte. Il n'a donc sauvé personne, il s'est perdu, au contraire, avec ceux qu'il voulait sauver. Mais je lui pardonne quand même, réservant ma haine pour ceux qui ont misérablement exploité sa faiblesse accidentelle et abusé de son malheur!

*
* *

Reprenons notre récit.

Le dimanche 9 janvier, Magnin revient avec ma femme. Je demande à cette dernière les raisons qui l'ont empêchée de venir me voir le 6, comme il avait été convenu chez ses parents: elle répond que ses moyens ne lui permettent pas de dépenser soixante centimes d'omnibus...

« Eh bien! dis-je, il faudra pourtant que
« tu reviennes demain : le médecin a à te

« parler et tu pourras ne plus revenir après.
« Tu te dis gênée pour payer ton omnibus,
« mais comment se fait-il que tu sois si géné-
« reuse envers mes gardiens ? Tu n'es cependant pas obligée de leur donner de pourboire ! » — C'était logique !

Elle revint le lendemain me voir et parler au médecin. Elle me déclara que le docteur Dagonet lui avait affirmé qu'il ne me laisserait pas sortir. « Tu n'es qu'une comédienne, lui répondis-je. Dans trois jours, je serai chez moi ». Puis je partis la laissant seule dans le parloir. Elle me rappela, mais je ne répondis pas.

Le mardi 11 janvier, le docteur Dagonet me dit : « Quand vous voudrez partir, vous me « préviendrez, vous êtes libre » : et le mercredi 12 il me demanda si j'avais fixé le jour de mon départ ! « Non, lui répondis-je ; je ne suis « plus pressé maintenant ; j'ai le temps. Je puis « bien rester ici un peu en amateur et de ma « propre volonté. Il y a assez longtemps que « les autres m'y tiennent. Quand je serai disposé, je vous préviendrai. Du reste, j'ai encore mal au pied. » — « Quand a commencé

« votre mois ? » — « Je n'en sais rien ; il faut le
« demander à ceux qui paient. »

Le soir, on me remit une lettre de ma femme où elle m'avertissait qu'elle ne s'opposait pas à mon élargissement, ajoutant *qu'elle redoutait qu'une plus longue séquestration ne me fît du mal.*

Le jeudi 13, pas de visite : Madame Merlière elle-même ne vint pas. C'était sans doute parce qu'il n'y avait plus de mal à me faire.

Il est bon d'observer, — comme je l'ai déjà fait un peu plus haut, du reste, — que si je restais encore à l'asile, c'était de mon plein gré. Le médecin m'avait, en effet, autorisé à sortir quand je le voudrais, mais je préférais attendre. Ce n'était pas du temps perdu pour moi, car je pus ainsi faire une foule d'observations philosophiques et sociales des plus fructueuses.

Enfin, après être sorti provisoirement une dernière fois le mardi 18, je pris définitivement congé de l'établissement le samedi 22. Le lundi 24, je cherchais de l'ouvrage, et dès le mardi 25, j'étais à la besogne comme si de rien n'était !

Comme vous le voyez, charitable aliéniste que vous êtes, la séquestration ne m'avait pas guéri de la monomanie laborieuse !

*
* *

Hélas ! je n'étais pas à bout de mes peines ! La camarilla mystérieuse qui avait juré ma perte ne se tint pas battue pour un échec : elle changea simplement ses batteries. N'ayant pu réussir à me rendre fou et à me faire comme tel disparaître de la circulation sociale, elle eut recours à de nouveaux procédés, peut-être plus perfides encore, mais à coup sûr aussi dangereux, si j'eusse été homme à me laisser égorgiller sans me défendre.

Les faits sont là, brutaux, éloquents : il faudra bien, Docteur, que vous vous expliquiez catégoriquement sur eux, si vous tenez à dégager votre responsabilité de plus en plus profondément compromise.

La première chose dont je m'occupai, ce fut de provoquer des éclaircissements. Mais je me heurtai à un refus formel sur ma proposition d'ouvrir une enquête. On répondait *de laisser tout cela tranquille, et qu'il vaudrait même bien mieux ne rien dire, si quelqu'un venait à m'en parler.* Oh ! c'était habile ! Après la conspiration de l'assassinat moral, la conspiration du silence, avec ce raffinement machiavélique qu'on travaillait à rendre complice la victime elle-même... D'un autre côté, pour parer à toute éventualité, on faisait courir le bruit que *j'étais resté fou et que toute allusion à mon aventure provoquerait infailliblement une nouvelle crise...* Toutes les précautions étaient prises pour dérouter mes soupçons et m'empêcher d'obtenir justice.

Heureusement, il restait des hommes sérieux, probes, libres de toute compromission, qui ont, comme moi, enfreint la consigne. Grâce à nos investigations, la lumière se fera. Je n'en veux point citer de plus décisif témoignage qu'une lettre qu'écrivait, à la date du 8 décembre 1876, mon ami Aymonin.

Dans cette lettre à Émile Antoine, de Rouen, Aymonin s'attachait à réfuter pied à pied toutes les calomnies nouvelles qu'on essayait de répandre sur mon compte, et il exhortait Émile Antoine à lui prêter son concours pour cette œuvre de justice et de confraternité. Il avait eu beau, disait-il, m'étudier de très-près, avec d'autres amis et coreligionnaires, il n'avait pu apercevoir chez moi la moindre trace d'ébranlement intellectuel : il lui semblait, au contraire, que ma conversation était devenue plus scientifique et plus nourrie... Il était également faux que la moindre allusion à mes mésaventures dût provoquer une crise, puisque c'était, au contraire, là le sujet permanent de nos entretiens. « Toutes les accusations portées contre Mollin, ajoutait Aymonin, me semblent subjectives. »

Au surplus, cette lettre, qui fut rendue publique, est trop curieuse, trop explicite, pour que je ne vous en mette pas immédiatement sous les yeux, au moins les passages suivants :

Depuis que notre ami est sorti de la maison d'aliénés, où il a été maintenu malgré lui, on n'a pas cessé de répandre sur son compte les bruits les plus étranges et les plus malveillants : on dit non-seulement qu'il a été fou, mais qu'il l'est encore, qu'il lui restera toujours quelque chose, et que si on lui parlait de l'accident qui lui est arrivé, cela suffirait pour déterminer une nouvelle crise. Et, comme si ce n'était pas assez, on va jusqu'à mettre son honorabilité en question ; on attaque même sa vie privée... Plusieurs positivistes et moi le fréquentons trèsassidûment, et nous ne nous sommes pas encore aperçus de la moindre trace de déraison. — Dans nos conversations, il nous a entretenu très-longuement de son accident de ménage et de son incarcération à Sainte-Anne, et nous n'avons point découvert les moindres symptômes de la crise annoncée depuis si longtemps. Nous lui avons raconté ce que l'on disait de lui : « Cela ne m'étonne pas, a-t-il répondu ; quand on veut tuer un chien, on dit qu'il est enragé. » — Si parfois il y avait dans la conduite de notre ami quelque chose qui soit de nature à motiver une semblable conduite, on devrait le savoir, de façon qu'il n'y ait pas parmi nous plusieurs manières d'envisager le même homme. C'est pourquoi je m'adresse à vous, parce que vous pouvez, avec plus d'autorité que moi, engager nos amis à clore cet état de choses. Voici ce qui pourrait être fait : on pourrait rassembler toutes les accusations qui ont été portées contre Mollin et en examiner la valeur. On objectera sans doute que c'est là une affaire trop délicate. Mais Mollin réclame l'enquête la plus étendue ; il demande à se justifier, et il attend ses accusateurs de pied ferme. — Il faut maintenant que je vous cite quelques faits qui, je crois, éclairent un peu la situation. Il y a quelques semaines, un positiviste soutenait que Mollin était encore fou et donnait comme preuve que, au banquet du 5 septembre, il avait insulté les dames positivistes. Or, notre ami a simplement refusé une poignée de main à une dame qui la lui offrait, et il a donné les raisons de son refus. Mollin affirme que cette dame, qui a joué un rôle important dans ses affaires de ménage, vit maritalement avec un autre homme que le sien. Les explications qu'il nous a fournies à ce sujet paraissaient justes ; mais, avant de vous signaler ce fait, j'ai cru devoir m'en assurer, et mes renseignements personnels n'ont fait que confirmer les affirmations de Mollin. . . . .

Le positiviste qui a ainsi prétendu que j'étais fou, parce que je n'ai pas les manières hypocritement papelardes qui plaisent à la bourgeoisie, c'est encore le même dont j'ai eu tant de fois l'occasion de citer le nom : c'est M. le docteur Robinet... Eh oui, docteur, quand je me trouve enlisé dans la boue, je ne m'amuse pas à sautiller sur la pointe du pied, je marche, au contraire, carrément, à pleins pas, sans redouter les éclaboussures, quitte à me brosser le lendemain. Si c'est là être fou, j'aime mieux être fou de la sorte que d'être raisonnable comme certains... Quant à la « dame » que j'aurais insultée, quelques explications ne seront peut-être pas de trop. Peu de temps avant l'aventure, comme je reprochais à son mari ses relations avec « l'autre », il ne sut me faire, pour sa justification, que cette étrange réponse : « C'est un si bon garçon ! » — Il était tout naturel que, rencontrant dans un banquet ce couple singulier, je disse, au risque de passer pour aliéné, toute ma façon de penser, et que je me plaignisse devant eux et autres personnages du même acabit, que la coterie pornocratique de la rue Saint-Placide eût enfreint la décision prise à l'unanimité le 30 août précédent sur la proposition de Monier, et tendant à l'élimination des brebis galeuses.

J'ajoutai même que je ne comprenais pas les motifs qui avaient pu déterminer M. Robinet à faire publiquement l'éloge de pareilles gens, au point d'emprunter pour un panégyrique si déplacé la publicité de la presse quotidienne.

Cet « acte de folie » de ma part eut pour effet d'éloigner la « dame » des réunions positivistes. Mais, à la nouvelle de mon exclusion, elle reprit ses anciennes habitudes, et, le 5 septembre 1877, chacun put la voir, radieuse, assise aux côtés de Madame X !...

On disait, en outre (c'est toujours Aymonin qui parle) que la réconciliation était impossible, vu que Mme Mollin avait déclaré que, sachant son mari fou, elle ne voulait pas rentrer avec lui. Je suis allé voir Madame Mollin, et je lui ai demandé si elle avait vu son mari fou. Elle me répondit *que non, qu'elle ne s'en était jamais aperçue*

J'y suis retourné il y a quinze jours et là, devant un positiviste avec qui j'étais, elle a tenu le même langage, *nous disant qu'à Sainte-Anne il avait sa raison.* De notre entretien avec Madame Mollin, il résulte pour moi qu'elle subit l'influence de personnes hostiles à son mari, et comme elle est très-impressionnable, les personnes qui la conseillent peuvent la diriger à leur volonté.

L'accusation se précise. Mais je vais la préciser encore davantage. Quelles sont donc ces personnes hostiles qui abusent de la naïveté de ma femme pour me perdre et me calomnier? Qui? sinon vous-même, monsieur Robinet, et vos satellites?

N'est-ce pas vous, par exemple, qui avez prétendu que si je rencontrais ma femme, je la tuerais? Pourtant, le lundi 28 février 1876, vous m'avez rencontré avec elle et mon petit garçon auprès de la gare Montparnasse. Nous avons déjeuné tous les trois boulevard Montparnasse, 71, et j'ai ensuite reconduit ma femme chez ses parents, dans une voiture dont j'ai conservé le numéro (9650). J'ai aussi conservé la note du restaurant : toutes pièces justificatives... Cela ne vous a pas empêché de dire, huit jours plus tard, que ma femme n'osait pas sortir seule de peur de me rencontrer! Mais, si vous avez été capable d'une pareille infamie, comment ne serais-je pas incité à vous attribuer toutes les autres, surtout quand tous les faits militent contre vous ?

Étiez-vous de mauvaise foi, ou bien avez-vous cru être le jouet d'une hallucination ? Dans ce cas, votre hallucination eût été double, Monsieur, oculaire et auriculaire. Vous nous avez parlé ! Je puis même vous citer ce que vous nous avez dit... Vous nous avez expliqué que les détonations que nous venions d'entendre venaient du cimetière Montparnasse où l'on rendait les honneurs militaires au cercueil de je ne sais plus quel général... Vous nous avez dit encore que vos « dames » ne sortaient pas parce qu'elles avaient la grippe... Le tout assaisonné de force poignées de main au père et à la mère, de force baisers au moutard. Vous ne vous souvenez plus de tout cela, sans doute ; mais moi, je m'en souviens. Les ex-fous ont bonne mémoire, apparemment.

Savez-vous que ce détail, futile en apparence, est gros de conclusions écrasantes ? Je puis, en effet, le rapprocher d'un propos tenu par votre gendre, le docteur Dubuisson, qui a dit quelque parts que « lui, médecin, « son beau-père, M. Robinet, également « médecin et M. Eugène Sémério, encore « plus médecin que les deux autres, avaient « constaté que *si j'étais laissé libre, je* « *tuerais ma femme,* » — et j'ai le droit d'en conclure que c'est grâce à ces manœuvres criminelles qu'on a trompé le docteur Magnan et qu'on m'a fait interner à Sainte-Anne !... Séquestration arbitraire, docteur ! On va loin sur ce chemin-là...

Si l'on était parvenu à faire croire que je voulais réellement tuer ma femme, la machination aboutissait, et j'étais perdu : on m'appliquait l'article 21 de la loi de 1838, relatif à la sûreté des personnes, et ni amis ni parents n'auraient pu me faire sortir. C'est probablement pour cela qu'on a inventé cette fable et qu'on l'a fait répandre par la famille de ma femme. Mais celle-ci, principalement intéressée, n'y a jamais cru. Le fait que je viens de citer n'en est pas la seule preuve. Tenez ! le mercredi 15 mars, à la nouvelle que j'étais indisposé, elle vint deux fois chez moi. Je dus lui interdire de revenir, ajoutant que je ne la voulais plus recevoir au domicile conjugal que quand elle m'aurait prouvé irréfutablement qu'elle avait racheté sa faute et qu'elle était digne de reprendre la vie commune...

Faut-il ajouter que le lundi 29 mai, après m'avoir rencontré chez Magnin, à qui j'étais allé rendre vingt francs qu'il m'avait prêtés après ma sortie de Sainte-Anne et cinq francs qu'il avait dépensés pour moi pendant ma détention, elle me faisait donner un rendez-vous fictif, au nom de M. Simon, au café Béranger, rue de Flandre, où je la trouvais seule et où elle m'avouait avoir employé cette ruse pour avoir l'occasion de me parler?

Voilà comment cette « pauvre dame Mollin » a peur de son mari!

Il y a bien, en effet, de par le monde, des gens qui ont peur de moi. Mais ce n'est pas ma femme. Et encore ces gens-là ne redoutent pas que je les tue : ils tremblent seulement à la pensée que je pourrais bien un jour leur tirer les oreilles... Qu'ils se rassurent pourtant : si jamais ma haine contre eux me faisait porter la main sur leurs appendices occipitaux, je me contenterais de les leur allonger. Ce serait un péché, en effet, que ma conscience me reprocherait toute ma vie, s'il m'arrivait de les priver tout à fait d'un si bel ornement!

Je passe à un autre ordre d'idées, qui se rattache étroitement à celui que nous venons de quitter, en ce qu'il rend encore, monsieur le Docteur, plus suspect votre rôle dans cette affaire.

A ma sortie de Sainte-Anne, mes amis détrompés demandèrent des éclaircissements. Il leur fut répondu qu'il n'était pas acceptable qu'on se renseignât auprès de moi. On ne devait tenir aucun compte d'explications venues de pareille source; il valait mieux s'en tenir tout bonnement au dire de madame Mollin. Qui n'entend qu'une cloche n'entend qu'un son, dit le proverbe. Certains esprits pointus s'en souvinrent et insistèrent. A quoi il fut répliqué qu'il n'était pas permis de suspecter madame Mollin. Affaire de foi et d'orthodoxie, n'est-ce pas? C'est plus sûr!

Vous le croyiez, du moins, que c'était plus sûr... Eh bien! là, comme dans beaucoup d'autres circonstances, les faits vont vous donner tort. Je m'explique.

Il est entendu, irrévocablement entendu, de votre propre aveu, qu'il n'est pas permis de suspecter la véracité de ma femme... Soit! j'en prends acte, et, m'appuyant sur vos propres prémisses, je m'en vais évoquer précisément le témoignage de cette « pauvre madame Mollin », dont la sincérité est placée au-dessus de tout soupçon :

Dans les lettres qu'elle adresse à mes parents, ma femme déclare le 29 novembre qu'*elle ne s'était pas doutée que je perdais la raison*. Le lendemain 30 novembre, la première fois que, pour reproduire ses propres expressions, *elle avait suivi l'*ORDRE *de M. Robinet;* elle y raconte avoir dit la même chose au médium. *Aujourd'hui*, ajoute-t-elle, *il va très-bien*.

Voilà, monsieur Robinet, qui ne s'accorde guère avec cette longue incubation de ma folie dont parle votre épouse dans cette missive si singulièrement contradictoire avec la vôtre!

Voilà non plus qui n'explique pas clairement pourquoi, puisque *j'allais très-bien* le 30 novembre, j'ai été enfermé le lendemain à Sainte-Anne! Je dois citer textuellement les passages des lettres de ma femme afin qu'il n'y ait place pour aucune ambiguïté.

Le 29 novembre, après avoir annoncé que je suis devenu fou et que j'ai été enfermé dans une maison d'aliénés, ma femme ajoute :

J'ai dû le quitter voilà trois semaines PAR L'ORDRE *de M. Robinet, son meilleur ami.* — Il m'a dit qu'*il fallait m'en aller,* car il le croyait malade, qu'*il fallait éviter un malheur et que l'on verrait plus tard;* du reste qu'il viendrait lui même et alors qu'il verrait à quoi s'en tenir et qu'il me le ferait savoir. Gabriel est allé le trouver, *et, en effet, il avait perdu la tête.*

Conclusion. De l'aveu même de ma femme, laquelle ne doit pas être soupçonnée, c'est sur l'ordre de M. Robinet qu'elle a déserté le foyer conjugal trois semaines avant que je ne fusse victime d'une séquestration arbitraire.

C'est bon à retenir.

Désormais, il est hors de doute que c'est bien vous qui avez donné à ma femme l'*ordre* (?) de me quitter. A présent, discutons cet acte.

Vous me croyiez malade, paraît-il. Soit ! Mais alors c'était justement le cas de lui enjoindre de rester auprès de moi. Quand sonne l'heure du dévouement, on ne crie pas « sauve qui peut! » Il faut avouer que « mon meilleur ami » exerçait sur moi une singulière protection!

« Vous me croyiez malade! — En effet, j'avais perdu la tête! » Voilà ce que prétend ma femme! Voilà ce qu'elle écrit à mes parents le 29 novembre! Qui donc a pu lui faire accroire tout cela, puisqu'elle ne m'avait pas vu depuis le 8 novembre? N'est-ce pas après la lettre de votre femme et l'entrevue du dimanche matin que toutes ces billevesées lui sont venues à la tête? Vous, encore vous, toujours vous!

Vous aviez donc un bien grand intérêt à ce qu'elle me crût réellement fou et qu'elle donnât à ce racontar le cachet de sa sincérité indiscutable... Malheureusement, ce calcul s'est encore trouvé déjoué. J'ai déjà rappelé plus haut qu'après sa première visite à l'Admission elle avait été forcée de reconnaître que j'allais très-bien. Voici du reste le passage textuel de sa lettre :

Je suis allée voir mon pauvre Gabriel; *il m'a bien reconnue.* — J'ai demandé au médecin s'il y avait guérison, *il m'a dit que oui.* Le médecin m'a demandé s'il y avait longtemps qu'il était malade; je lui ai répondu que *je ne m'en étais jamais aperçue.* Dans sa folie, il dit que je suis une victime. *Aujourd'hui, il va très-bien.*

N'aurais-je pas le droit de conclure, Monsieur le Docteur, surtout si je rapproche ces faits des lamentations de ma femme dans ces mêmes lettres, qu'elle-même se fût empressée dès lors de me faire sortir, si elle n'avait pas été dominée par des influences inqualifiables?

Tenez! je vous parlais tout à l'heure de la première visite que me fit ma femme. Laissez-moi vous la raconter en détail. Il y a encore là des circonstances et des particularités de nature à jeter peut-être un peu de lumière dans les replis obscurs de ce débat.

C'était le 30 novembre.

J'étais encore à l'Admission, puisque c'est seulement le lendemain que je suis entré à Sainte-Anne. Quand je pénétrai dans la pièce où elle m'attendait en compagnie du président de la société positiviste, elle s'écria : *Mais, vous voyez bien, M. Magnin, qu'il nous reconnaît bien!*

Et Magnin eut l'aplomb de me demander si c'était bien vrai que je les reconnusse... Qui jouait la comédie? Était-ce ma femme? était-ce Magnin? ou bien les avait-on trompés tous les deux?

Je fus obligé de leur dire : « Oui, je vous re-
« connais, et vous devez bien vous en aperce-
« voir puisque je vous appelle par vos noms...
« Du reste, ajoutai-je, s'il y a parmi nous quel-
« qu'un de méconnaissable, ce doit être moi,
« car, depuis que je suis séquestré, je n'ai
« ni mangé ni dormi.

« Mais si le corps est faible, la raison n'est
« nullement altérée. »

Magnin me redemanda une fois de plus si je les reconnaissais.

Je n'y comprenais plus rien. Je dis alors :
« Certainement, je vous reconnais, vous n'avez
« changé ni l'un ni l'autre. Voilà Caroline Bau-
« rès, ma femme, et vous, vous êtes Fabien Ma-
« gnin, l'un des témoins de notre mariage. »
« Où suis-je ici? ajoutai-je. » Comme on ne me répondait pas, je repris : « Vous n'êtes pas,
« comme moi, venu en voiture cellulaire, et
« par conséquent vous devez savoir où nous
« sommes, répondez-moi. »

Après un moment d'hésitation, que je ne

m'expliquai pas, Magnin me dit : « A Sainte-
« Anne.— Eh bien! répondis-je, c'est un excel-
« lent établissement... Si je suis encore vivant,
« je ne le dois qu'à la puissance de ma consti-
« tution. » Je racontai alors devant le gardien
les traitements que j'avais supportés depuis
ma séquestration.

Quel intérêt secret avait-on donc à me voir
fou, que toutes les manifestations de ma lucidité étaient ainsi accueillies?

Je laisse à l'opinion publique le soin de répondre, à votre défaut, docteur!

Voici, d'ailleurs, comment ma femme raconte elle-même ses impressions. Je préfère
reproduire textuellement sa prose : l'appréciation sera plus facile.

Nous lisons dans sa lettre du 12 décembre :

Gabriel *va de mieux en mieux*. Je suis allée le voir aujourd'hui : il m'a très-bien parlé. Pour ma part, je suis toujours malade. Je ne tiens pas le lit, mais je n'en vaux pas mieux, et toutes les peines que j'éprouve sont loin de me guérir. Enfin, mon pauvre *Gabriel va bien mieux*, et c'est le principal.

Et plus loin :

Je vous prie de ne pas lui parler des causes de sa maladie : le docteur Robinet (encore!) pense que cela lui serait contraire.

Jusqu'ici, on avait cru qu'il n'y avait pas d'effet sans cause. Voici que nous rencontrons des causes sans effet, des causes de maladie chez un homme qui *va très-bien!*...

Faut-il croire que ces causes n'existaient que dans l'intention, dans la volonté de mes ennemis, qui ont tout fait pour me rendre fou, mais qui n'ont pas réussi ?

Je serais bien désireux qu'on exposât scientifiquement les causes prétendues de ma prétendue maladie. Vous, docteur, qui ne vouliez pas qu'on m'en parlât, que ne vous chargez-vous de ce soin ? Ce n'est pas que les moyens matériels vous fassent défaut, puisque vous avez à votre disposition les 186 pages du journal de votre gendre... Dites, dites donc pourquoi cela me serait *contraire* et débrouillez vous-même ce mystère inquiétant...

*
* *

Et, pendant que nous y sommes, je vous inviterai en même temps à débrouiller un autre mystère, non moins inquiétant. Pourriez-vous, s'il vous plaît, me donner, de l'infirmité de mon enfant, une explication plausible, scientifique ? Entendez-le bien ! Je veux des démonstrations, des preuves : je ne suis pas disposé à me contenter des niaiseries que vous avez jusqu'ici débitées à ce propos... « Le père ayant le cerveau malade, — c'est ainsi que vous raisonnez, — le fils doit avoir les deux jambes estropiées ! » Il faudrait tout d'abord établir, savantissime docteur, que le père a réellement le cerveau dérangé. Ce qui ne sera pa commode, à ce que j'imagine. Et, en admettant même que cela fût, il faudrait me montrer la dépendance de ces deux phénomènes, les relations qui peuvent unir les jambes de l'enfant au cerveau du père assez étroitement, assez directement, pour infliger à ces deux parties de deux corps distincts des lésions symétriques et proportionnelles !

Moi ! j'ai la conviction profonde que si mon enfant n'avait pas été soustrait à la surveillance de son père, il ne serait pas estropié ni infirme. Et il sera difficile de m'arracher cette conviction. Je n'ai pas eu l'avantage de pouvoir user, comme vous, mes fonds de culottes sur les bancs de l'École-de-Médecine, mais cela ne m'empêche pas de revendiquer hautement ma liberté de conscience et ma liberté d'examen... Ah ! je comprends à présent que dans votre secte, tout en ayant plein la bouche de la foi *démontrable*, on proscrive un tel *individualisme* comme une hérésie !... Mais, soyez-en persuadé, il faudra bien, bon gré, mal gré, que vous *démontriez*, et à moi et aux autres, certains articles de cette *foi* que vous prétendez imposer !

Je reviens à mon propre cas. Dans une autre lettre, à la date du 31 décembre, nous lisons encore cet autre passage, qui atteste irréfutablement combien peu fermement croyait ma femme à ma folie prétendue :

Je suis allée voir Gabriel aujourd'hui avant de vous écrire : *il va très-bien.*

D'où il résulte que le 31 décembre, j'étais dans le même état le 30 novembre, veille de mon entrée à Sainte-Anne : *j'allais toujours très-bien.* Les mêmes expressions, appliquées identiquement aux deux époques, par une femme dont, suivant vous, il n'est pas permis de révoquer en doute les affirmations, l'établissent définitivement.

Qui donc pouvait s'opposer à ma libération ? Pas ma femme assurément : ses lettres en font foi. Mais alors... Je conclurai à mon heure !

.˙.

Voyons maintenant quelle était ma situation vis-à-vis de ma femme après ma sortie définitive de Sainte-Anne.

Je considérais que le fait accompli, même réduit aux conditions ordinaires, était plus que suffisant pour déterminer un homme à rompre toutes relations... Cependant, je possédais des preuves certaines que ma femme avait été poussée et encouragée à mal faire par un nombre considérable de gens de tout acabit, — gens d'église et gens de lupanar, — à la tête desquels j'avais le droit de soupçonner la présence des chefs officiels du positivisme orthodoxe. On avait trompé, dans une certaine mesure, cette fille d'Ève ; peut-être l'avait-on fait tomber dans un piége... N'est-ce pas ainsi, au surplus, que procèdent les jésuites ? Ils font commettre une faute à leur victime, qui, désormais, leur appartient corps et âme!

Ce qui compliquait la situation et ses périlleuses incertitudes, c'est qu'il y avait là un enfant. Il me fallait prendre une décision qui ne compromît ma dignité ni au point de vue moral, ni au point de vue intellectuel et qui, en même temps, ne fît pas tort à ce pauvre enfant.

Je ne voulais pas procéder comme une brute, en répudiant *pontificalement* la femme coupable. Je ne voulais pas davantage agir comme un imbécile, en la reprenant sans conditions. — Pour me déterminer dans cette embarrassante alternative, des explications étaient nécessaires. Je ne pouvais, sans cela, connaître ni le degré de culpabilité de ma femme, ni par conséquent sa part de responsabilité.

Je réclamai donc aussitôt des éclaircissements. — On me répondit conformément aux instructions reçues qu'il fallait attendre.

Attendre m'était indifférent, si j'avais su ce qu'il fallait que j'attendisse. Mais je ne pus me renseigner à cet égard; des sophismes ou des mensonges, telles furent les seules réponses qu'on voulut me fournir. Je résolus donc de conserver le *statu quo*.

A cet effet, j'engageai ma femme à rester chez ses parents jusqu'au jour où le Saint-Esprit aurait éclairé l'intelligence de certains exécuteurs testamentaires d'Auguste Comte, me chargeant en attendant de lui fournir tout ce dont elle aurait besoin pour elle et son enfant, à cette condition expresse qu'elle ne recevrait de subside d'aucune autre personne, — je visais par cette clause les positivistes.

La condition ne satisfaisait pas les parents de ma femme. Aussi fut-elle enfreinte : cela se comprend sans peine.

Je contrôlais, et pour cause, les dépenses, et j'exigeais que l'argent que je fournissais fût réellement utilisé à satisfaire les besoins auxquels je le destinais. Impossible, par conséquent, aux parasites de faire le profit espéré, car, s'ils avaient donné asile à ma femme, ce n'était que dans un but de spéculation malsaine. J'ai déjà dévoilé ce calcul plus haut.

Aussi se gardaient-ils soigneusement de dire que ma femme et mon enfant étaient à ma charge, afin de pouvoir recevoir des deux mains.

Ce manége dura jusqu'au jeudi 16 mars, jour où je me rendis chez les époux Deligny pour prendre ma femme et aller acheter ce dont elle avait besoin, ainsi que cela avait été convenu le dimanche 12. Mais voici que je trouvai là certaines personnes, celles que vous, monsieur Robinet, aviez qualifiées de « dames positivistes » dans la conversation que nous avions eue chez vous le mardi 23 novembre. Elles revenaient de l'hôpital Lariboisière où elles étaient allées rendre visite à la demoiselle qui habitait chez les parents de ma femme, et qui était en train d'y faire ses couches.

« Où est donc votre locataire ? » demandai-je à ma belle-sœur qui ne se doutait pas que j'étais au courant de l'intrigue. — « Elle « est allée passer quelques jours à Pontoise « auprès de sa grand'mère qui est malade, » répondit-elle.

Et les « dames positivistes » qui servaient de trait-d'union entre les deux faubourgs et transmettaient le mot d'ordre des salons aux habitués des « assommoirs, » de reprendre en chœur : « Elle ne sera pas longtemps absente, « n'est-ce pas Madame Deligny ? Nous aurons « sans doute le plaisir de la revoir dans les « premiers jours de la semaine prochaine ? » — « Assurément, » répliqua leur associée.

A ce propos, je dois ouvrir une parenthèse et signaler ceci : J'ai eu la curiosité (j'ai aussi cette manie-là, docteur, brochant sur la folie *travailleuse*, mais, au moins, est-il difficile de soutenir qu'à cet endroit je pèche par excès de subjectivité), j'ai eu, dis-je, la curiosité d'aller prendre des renseignements, avenue Victoria, au bureau central des hôpitaux. Là, j'ai appris que la vierge-mère en question avait donné une fausse adresse. Dans quel but ? c'est facile à comprendre ! l'administration a l'habitude d'envoyer ses employés prendre des informations au domicile de chacune des personnes admises dans les hôpitaux ; on craignait qu'en venant prendre des renseignements chez la concierge de la rue de Flandre, 3, celle-ci, apprenant que la demoiselle que l'on disait être à Pontoise, était, et pour cause, à l'hôpital, n'ébruitât l'affaire.

Pour parer à ce danger, on donna une fausse adresse. L'intrigue était si bien montée qu'en dehors des complices, personne, excepté moi, n'était au courant. Aussi quelle fureur rapide dans la coterie ! Ce fut, ma foi ! à cette occasion que Madame Merlière (encore une « dame positiviste » !) déclara qu'on avait eu grand tort de me laisser sortir de Sainte-Anne... Parbleu ! j'avais fait rater cette immaculée-conception d'un nouveau genre et compromis le succès de la *Religion de l'avenir*.

« Apprête ton enfant, dis-je à ma femme,
« nous allons aller acheter ce dont tu as be-
« soin. » Ma femme fut troublée de l'apostrophe. Mais bientôt, sur un signe impératif de ses parents, elle répondit qu'elle n'avait besoin de rien. — « Cependant, dimanche dernier, tu te-
« nais un autre langage ? Et hier encore, lors-
« que tu es venue chez moi avec ton enfant, ne
« m'as-tu pas dit que ses chaussures étaient
« usées et qu'il avait besoin qu'on lui en ache-
« tât une autre paire ? »

« Je suis désormais en mesure de lui four-
« nir ce qu'il lui faut. Je ne suis pas sans
« ressources, » affirmait-elle.

Bref, elle refusa carrément mes services.

Je prétends qu'elle les eût très-bien acceptés sans la présence des particulières en question. La situation était en effet gênante : on m'avait promis de ne rien accepter des coreligionnaires; d'autre part, on avait également promis aux meneurs de l'intrigue de ne pas se servir de mon appui. Il fallait se prononcer! On choisit donc le parti que l'on supposait être le plus avantageux. Moi, j'exerçais un contrôle sérieux, je réclamais des comptes, je veillais, en un mot, à ce que mon apport servît réellement à mon enfant. L'argent des autres servait au couple Deligny et à leur « protectrice, » la vierge-mère que vous savez ! Il fallait bien payer les couches et les dragées du baptême !

Le dimanche suivant, l'expérience m'attesta que mes prévisions n'étaient point erronées. Je me rendis rue de Flandre, et je manifestai ma surprise qu'on n'eût pas acheté des souliers au gamin.

« Nous n'avons pas d'argent, » me dit ma femme! Les ressources qu'on exaltait tant s'étaient déjà envolées!

Je remis alors de l'argent à ma femme qui s'empressa de l'accepter. Mais, comme je ne tenais pas à jouer plus longtemps le rôle de dupe, qui plaisait tant à vos acolytes, monsieur le docteur, je sollicitai de nouveau les explications attendues. Hâtons-nous d'ajouter que mes sollicitations échouèrent. « Le moment, répondit ma femme qui faisait ainsi de l'opportunisme, comme M. Jourdain faisait de la prose, n'était pas encore venu ! » J'avais pourtant assez, moi, pour ne pas dire trop, de cette situation ridicule et coûteuse. Car il faut bien vous apprendre, docteur, à vous qui êtes né et qui avez continué de vivre, comme dit le proverbe anglais, « la cuiller d'argent dans la bouche, » que faire double ménage coûte beaucoup plus cher. Ce que je dépensais à prendre mes repas au dehors nous aurait suffi à nous trois, si nous n'avions pas été séparés.

Aussi, saisissant l'occasion de rompre, je pris acte de la déclaration de ma femme et je qualifiai ses parents comme ils le méritaient. Ils n'eurent garde de souffler mot.

Puis je leur écrivis pour leur signifier ma résolution. Je recommandai ma lettre, ce qui donna lieu à une petite scène que je tiens à vous raconter, parce qu'elle est aussi typique que plaisante. Il y avait encore là une dame positiviste (positiviste à votre façon, monsieur Robinet). Quand le facteur se présenta, il occasionna une véritable allégresse. « C'est une lettre chargée, » disait-on. « C'est de l'argent que les positivistes de province nous envoient ! » On courut partout chercher Deligny pour qu'il signât le récépissé... Quelle satisfaction! quelle joie! La vierge-mère était de retour de l'hospice : on allait donc fêter les relevailles...

La gaîté était sur tous les visages; on fredonnait déjà cet air connu : *A nous les brocs et les gigots.*

Jugez de la déception lorsque, le sourire aux lèvres, le jovial Deligny ouvrit la lettre qui se terminait ainsi :

Quand, comme vous, on a participé à détourner une femme de ses devoirs ; quand on s'est conduit envers un membre de sa famille comme vous l'avez fait, il ne reste plus qu'à faire ce que vous avez si bien fait dimanche : — On se tait, et on se mouche. Je vous déclare donc que, quelles que soient vos dispositions à mon égard, je brise toute relation avec vous et ne franchirai plus le seuil de votre porte. Quant à ma femme, voilà 135 jours que, sans motifs valables, elle est absente du domicile commun : je trouve que c'est suffisant. Je ne sais ce qu'elle peut bien encore attendre pour me faire connaître ses intentions. Je ne puis ni ne dois rester plus longtemps dans l'incertitude. J'ai besoin d'une base certaine : par conséquent, je vous prie de prévenir madame Mollin que j'ai aujourd'hui même pris à son égard une décision sur laquelle je ne reviendrai point.

La situation s'aggravant, il fallut compliquer l'intrigue. La situation s'aggravait, dis-je. On ne pouvait plus, en effet, compter sur moi. On savait que, quand j'ai dit une chose, c'est comme si le notaire y avait passé. Il n'y avait pas davantage à compter sur l'argent des meneurs, les intrigants n'étant généreux que de l'argent des autres. Enfin, les positivistes honnêtes, ceux qui n'avaient pas trempé dans la conspiration et dont on avait espéré exploiter la fraternité, ceux-là refusaient catégoriquement de concourir à une œuvre condamnée par la morale la plus élémentaire.

Comment faire? Oh! il y avait là des gens joliment habiles : j'en appelle, docteur, à votre expérience et à votre impartialité! Oyez plutôt.

On commença par tirer à un grand nombre

d'exemplaires la photographie de mon moutard, et on les répandit de tous côtés, absolument comme, dans un but de spéculation semblable, on avait fait jadis pour le portrait de Léopold Granjon (c'est singulier, n'est-ce pas, comme la folie a développé chez moi la puissance rétentive de la mémoire!).

On fit mieux. On loua, au rez-de-chaussée, 3, rue de Flandre, une petite chambre humide, où le président de la société positiviste installa un lit de sangles, qu'il apporta lui-même du numéro 19 de la rue du Faubourg-du-Temple. On ajouta une paillasse, une petite table, des chaises de bois. Le pèlerinage positiviste était reconstitué.

Dans la religion où vous pontifiez, sacrosaint bonze, on est diablement plus malin que dans la religion catholique, il faut bien l'avouer. Jamais les calotins n'ont songé à montrer le cachot où le vicaire de J.-C. gémit sur la paille humide, en attendant la manne humaine qui tombe sur lui sous les espèces et apparences du denier de Saint-Pierre. La prison de leur martyr, à eux, est une prison *subjective*..... : le galetas de madame Mollin était *objectif*. J'ai pu le voir moi-même de mes yeux. Tous mes compliments, cher docteur, aux inventeurs de ce truc ingénieux...

Ce qui n'était pas moins fort, c'est qu'une foule de messagers, dont je ne vous citerai point les noms par la bonne raison que vous connaissez aussi bien que moi vos amis intimes, couraient chez tous mes camarades pour leur dire que j'étais une « canaille » *qui avait mis ma femme et mon enfant* sur la paille.

Il est vrai que cette partie de « l'action » réussit moins. Mes amis, en effet, étaient renseignés, par conséquent convaincus que ma femme n'habitait que *subjectivement* son bouge si pitoyablement objectif. Ils savaient que cette pauvre martyre couchait, bien à son aise, dans son ancien lit de fille, resté dans la même pièce du logement qu'elle habitait jadis avec sa famille...

Tout le quartier était au courant et faisait gorges chaudes de ces positivistes qui veulent réformer la société et imposer de nouvelles mœurs. Piteux réformateurs ! disait-on. Ils feraient bien mieux de laisser couler l'eau...

Hélas ! tout ceci n'était que ridicule et grotesque. Mais il y avait un côté tragique. Il y avait mon enfant! Je ne voulais pas qu'il pâtît de ces machinations, ni qu'il jouât le rôle de souffre-douleur, comme ces pauvres petits de saltimbanques, dont les Barnums sans cœur brisent les membres pour attendrir les badauds!

Je fis donc tout mon possible pour le tirer de là à l'amiable, ne voulant pas employer les moyens légaux, de peur d'attirer la colère et la vengeance de mes ennemis — dont je sentais avoir tout à redouter — sur cette tête innocente.

Il va sans dire que mes réclamations eurent le sort des demandes que j'avais faites autrefois à l'asile. De guerre lasse, je fis, *devant témoins*, une dernière proposition qui, celle-là, était mixte. J'offrais de placer à mes frais l'enfant à Paris, de telle sorte que le père et la mère auraient pu le voir isolément, sans être exposés à rencontrer des figures hostiles. Cette proposition échoua comme ses sœurs.

Me diriez-vous, Monsieur, quelles sont les personnes qui influencèrent ma femme au point de la décider à refuser cette transaction raisonnable? J'ai idée que vous ne répondrez pas... Aussi, en prévision de votre silence, je vais me permettre de signaler une coïncidence. Elles abondent, les coïncidences! Peu après le rejet de ma dernière proposition, votre tout dévoué Magnin m'écrivait officiellement, au nom de la société positiviste, dont il est président :

> Dévouez-vous à votre fils, sans le priver des soins de sa mère, que vous ne sauriez remplacer.

Quelqu'un m'expliquera-t-il pourquoi le rapprochement de ces deux faits suffit pour me précipiter dans un abîme de réflexions fort peu flatteuses pour la coterie de la rue Saint-Placide? Mais, comme ce quelqu'un ne sera sûrement pas vous, monsieur Robinet, passons à un autre exercice, sans rappeler une fois de plus que c'était déjà vous, vous en personne, qui aviez donné ordre à ma femme de quitter le domicile conjugal... Brrrr!

J'ai tort peut-être de laisser de côté ce détail. Aussi vais-je encore ajouter — ceci est pour le public et non pas pour vous — que la missive *officielle* de votre satellite portait la date du calendrier positiviste, ce que n'avait pas l'habitude de faire Magnin. De plus, elle était signée : *Le président de la société positiviste*. Or, de toutes les nombreuses lettres que m'a écrites Magnin, c'est la seule qui présente cette particularité... Aurait-elle donc été, non pas son œuvre individuelle, mais l'œuvre d'une collectivité? Ou plutôt, Magnin n'aurait-il point été le simple scribe copiant la rédaction dictée par un auteur occulte? — Ce qui le ferait encore mieux supposer, c'est que ladite lettre était antidatée et portait, en post-scriptum : *J'ai retardé de quinze jours l'envoi de la présente.*

Ce n'est pas la réflexion, comme on le voit, qui a manqué à la société positiviste pour accepter la responsabilité de cet acte. Responsabilité grave, sachez-le! car je puis établir, pièces en main, qu'avant que ma femme fût affiliée à la coterie qui s'est acharnée après moi, mon enfant se portait à ravir, et aujourd'hui, il est estropié.

Vous direz peut-être, seigneur Sangrado, que je ne suis pas médecin et que, par conséquent, je n'ai pas compétence pour parler de cela... Je vous répondrai qu'Auguste Comte, rendu fou par les traitements de l'asile où il avait été enfermé, ne se guérit que grâce aux soins affectueux de sa famille qui l'avait recueilli quand les médicastres l'eurent déclaré incurable. N'est-ce pas une autorité suffisante? Ce dont il fut guéri, dit encore le philosophe, ce fut moins de la maladie que des remèdes.

Eh bien! puisque vos domestiques m'écrivent que mes soins n'auraient pu remplacer les soins que la mère donnait à mon enfant, pourriez-vous me renseigner sur la nature de ces soins? Vous qui êtes le directeur spirituel de Madame mon épouse, vous devez le savoir! Vous devez même bien y être pour quelque chose, car il est normal qu'on continue de vous rendre en obéissance et en soumission ce que vous avez prodigué en conseils, promis et promettez en secours. Père spirituel de mon enfant, rendez donc des comptes à son père légal!

Vous souvenez-vous de notre entretien du 23 novembre 1875? Vous souvenez-vous, comme je vous demandais des nouvelles de mon enfant, m'avoir répondu que « je pouvais me tranquilliser, » que « le mal dont il souffrait n'était pas dangereux? » — Cependant, à ce moment même, l'enfant était soumis à un traitement : lequel? je l'ignore. Cependant, moins de quinze jours plus tard, le 5 décembre, sur mes réclamations réitérées, ma femme l'amenait à Sainte-Anne, et je ne m'apercevais pas qu'il fût malade... Le 19, sans que je le lui eusse demandé, ma femme l'amena encore une fois : nous dînâmes même ensemble, et il se portait bien. Le 25, jour où je le vis chez moi, et toutes les autres fois que j'eus l'occasion de sortir et de l'embrasser, il se portait encore très-bien, aussi bien que moi.

Je suis peut-être un ignorant en matière médicale; mais, enfin, je suis un homme comme les autres; je sais ce que je vois et j'ignore ce qu'on me cache. Je voyais mon enfant bien portant : j'étais rassuré. Mais, ce que je ne savais pas, ce que je ne pouvais pas deviner, c'est qu'il était en traitement. Je n'ai connu ce fait qu'après ma sortie de Sainte-Anne, et si je n'avais pris la précaution de recommander à mes parents de conserver toutes les lettres qu'ils recevraient touchant mon incarcération et de me les renvoyer, je l'ignorerais encore.

Dans sa lettre à mes parents, à la date du 12 décembre, ma femme déclare, en effet, qu'elle fait électriser son enfant deux fois par semaine. Dans une lettre postérieure à la date du 31 décembre, elle écrit textuellement :

Léon va bien mieux, depuis que je le fais électriser trois fois par semaine.

Ceci se passait à mon insu.

Ainsi, on électrisait l'enfant et on donnait des douches au père! Le traitement était à double détente et portait sur deux générations. Je dois dire encore, ce qui peut-être ne sera pas un éclaircissement inutile, si tant est qu'il soit possible d'illuminer ces ténèbres, que je n'ai été traité par l'eau froide que pendant les trois jours que je suis resté dans le service du docteur Magnan, c'est-à-dire, comme je l'ai signalé déjà, sous votre haute et puissante protection, monsieur le docteur, sous cette protection qui s'étendait aussi, au dehors, avec une force irrésistible, sur mon malheureux petit garçon! Aussitôt entré à Sainte-Anne, le docteur Dagonet, au lieu de me faire doucher, m'ordonne, au contraire, et dès le premier jour, de fréquenter le plus possible la salle d'étude...

Voilà donc mon enfant suffisamment électrisé. Chose étrange! ses pauvres jambes s'étaient affaiblies, racornies et tordues... Est-ce cela qu'on appelle « aller mieux » dans votre monde? — Ce n'est pas tout. Au lieu de le laisser se rétablir lentement, grâce aux *soins* de cette mère « que je ne saurais remplacer, » *on* le soumit à un traitement nouveau, consistant à lui enfermer les membres dans je ne sais quel appareil orthopédique. Qui *on?* C'était vous, docteur, qui régliez le traitement; vous encore qui fournissiez à ma femme les moyens de se faire inscrire à l'Assistance publique; vous enfin qui lui donniez une lettre de recommandation pour lui faire obtenir l'appareil du bureau de bienfaisance... Ainsi, voilà une femme qui pouvait vivre honnêtement chez elle, et ce sont vos conseils qui la réduisent à la mendicité!!!

Pourquoi donc faut-il que votre nom soit toujours mêlé à mes malheurs?

Je n'ai pas le droit — et ne veux pas le prendre — d'exagérer les conclusions qui pourraient se dégager de toute cette lamentable histoire! mais je puis AU MOINS *m'étonner* qu'on m'ait dissimulé avec tant d'attention tous ces soins et tous ces traitements qu'on infligeait à mon enfant! Pourquoi Magnin, l'exécuteur aveugle de vos volontés, s'est-il opposé, au nom et par délégation de *votre* société positiviste, à ce que ce petit innocent fût remis à ma disposition, alors que peut-être — j'ai bien le droit de le croire et de le dire — il était encore temps? J'ai bien enfin, que diable! le droit de répéter, après Auguste Comte, que mes attentions suivies auraient suffi pour le guérir de la maladie et surtout des remèdes!

Je ne vous parle pas de l'éducation qu'on se propose de donner à ce pauvre gamin. Je serais cependant curieux de le savoir, et nous pourrons bien revenir un de ces jours sur ce sujet. J'ai appris en effet qu'en présence des gens qui lui procurent de l'argent et des gens qui la grugent, ma femme avait formellement déclaré qu'elle ne voulait *pas qu'on apprît à mon fils à mépriser son père*... Qu'est-ce que cela veut dire???

Ah! docteur, vous feriez bien mieux de fournir des explications là-dessus, que de répandre et de faire répandre le bruit que j'ai quitté ma femme, abandonné mon enfant, mis les deux sur la paille, que je suis une canaille, un voleur, un mouchard! etc., etc.

Pourtant, votre but principal a été manqué. Ce que vous vous proposiez avant tout, j'imagine, c'était moins de me *supprimer* au moins intellectuellement parlant, que de me déconsidérer auprès de mes amis, auprès des positivistes et des républicains les plus honorables... Après ma sortie de l'asile, c'était, du reste, la seule tactique possible. Mais elle n'a pas mieux réussi que les autres. — Un exemple entre cent : — Dans la première semaine de septembre 1876, un jour où ma femme dînait chez votre digne gendre, le docteur Dubuisson, il fut arrêté que le docteur Dubuisson serait le parrain de mon petit garçon. La sœur d'Émile Antoine, qui se trouvait à Paris, et qui même assistait au dîner, fut choisie comme marraine... Pourquoi disposait-on ainsi de mon enfant sans me consulter, c'est ce que seul, monsieur, vous pourrez dire et justifier. Jusqu'à plus ample informé, moi, pour ma part, je songe au petit Mortara, dont, sans aucun doute, vous vous remémorez l'histoire, et j'ai des frissons rétrospectifs...

Heureusement pour ma tranquillité, mais malheureusement pour le succès de cette mystérieuse combinaison, Émile Antoine vint à Paris après la lettre précitée d'Aymonin, et il empêcha sa sœur de tremper dans cette affaire. Cet incident me valut même des explications et des excuses de tous mes amis qui me déclarèrent avoir été trompés pendant ma détention. Si, ajoutaient-ils, ils s'étaient doutés de la vérité, non-seulement ils n'auraient pas donné d'argent à ma femme, mais encore ils m'auraient immédiatement fait sortir. Je leur promis de les remercier publiquement : c'est ce que je fis au banquet du 3 juin 1877.

Encore une fois, monsieur Robinet, qui donc trompait mes amis? qui donc déguisait la vérité? dans quel intérêt me tenait-on captif? Il faut que tout cela se sache !

Comment se fait-il encore que, le 6 juin 1877, le docteur Dubuisson ait proposé de me faire arrêter de nouveau, de façon à ce que je ne sorte plus du tout, tandis qu'un autre fanatique déclarait que je méritais « être pendu?... » Il faudra encore éclairer ce recoin obscur... L'attitude de Dubuisson était telle, ce jour-là, que M. Pierre Laffitte dut le réprimander.

Cela vous embarrasse peut-être que je sois au courant de toutes ces manœuvres intimes? Eh! je le comprends! Mais, que voulez-vous, j'avais intérêt à me renseigner et il me restait des amis très-dévoués qui, à cet égard, comme aux autres, m'ont rendu de signalés services. Au surplus, comme je n'ai point à dissimuler mes autorités, je n'hésiterai pas plus longtemps à vous faire connaître les personnes qui m'ont révélé les détails que je viens de rappeler à l'instant. Ce furent Finance, Lheureux et Aymonin qui me prévinrent le soir même, et m'édifièrent sur les dispositions du médicastre Dubuisson! Ils étaient écœurés de ce qui s'était passé à cette séance.

Ils déposeront à l'enquête, sachez-le, docteur!

C'était peu après le 16 mai qu'avait lieu ce dernier incident, auquel les préoccupations politiques générales m'empêchèrent de donner suite. Je dus donc m'en aller dans mon pays, faire de la propagande républicaine et anticléricale, en attendant que la rage des cléricaux positivistes se fût un peu calmée.

Si je me demande à présent d'où pouvait bien provenir ce débordement exagéré de fiel, voici la seule explication que je trouve. Trois jours auparavant, dans une réunion privée à la suite d'un banquet où ne devaient assister que des positivistes, j'avais porté le toast suivant :

Messieurs (1),

Je profite de la circonstance qui nous réunit pour remercier les positivistes de la souscription qu'ils ont faite en ma faveur à l'époque où les gens les plus sales, dirigeant les personnes les plus bêtes, ont réussi à me faire enfermer dans une maison d'aliénés, grâce à la complicité d'un ami, qui avait volontairement et sciemment accepté le rôle d'Escobar dans cette infâme comédie,

---

(1) Aussitôt que mes amis furent renseignés sur le dommage matériel que la haine des faux positivistes m'avait occasionné, ils organisèrent une souscription et m'en firent remettre le produit par le Président de la Société positiviste, quelques jours après ma sortie de Sainte-Anne. Je devais leur en témoigner solennellement ma reconnaissance en les distinguant, bien entendu, des gens qui n'avaient souscrit que pour dissimuler leur rancune et dégager leur responsabilité.

savamment tramée en bas-lieux *et dont mon enfant a été l'innocente victime.*

Je dois vous dire que je n'ai accepté cette souscription que comme provenant de coreligionnaires sincères, cherchant à réparer, à atténuer le préjudice matériel que des misérables m'avaient occasionné, en me faisant enfermer dans une fabrique de fous au moment de la force de mon travail.

Si, parmi les souscripteurs, il y en avait qui aient considéré cette souscription comme le moyen, comme le procédé d'obtenir mon silence, à l'égard des personnes dont la culpabilité est aujourd'hui parfaitement établie, je leur répondrai qu'ils se sont trompés, qu'un positiviste convaincu n'est pas un lâche, et par conséquent ne se vend pas.

On peut, il est vrai, le frapper, mais le corrompre; non.

Puisque jusqu'ici on m'a refusé le bénéfice d'une enquête, enquête qui aurait pu éclaircir la situation et établir les responsabilités.

Puisqu'on est allé jusqu'à refuser de m'entendre.

Puisqu'enfin, pour complaire à quelques roués et perfides jésuites en jupons, redoutant la lumière, on persiste encore à tenir la vérité sous le boisseau, eh bien, je parlerai. Mais je choisirai le moment opportun, en prenant, comme toujours, pour guide de ma conduite, la *Vérité* et l'*Utilité*.

Maintenant, Messieurs, je bois à l'alliance définitive de la *philosophie* et du *prolétariat.*

Cette réunion et ces explications, toutes vagues qu'elles fussent, donnèrent à réfléchir aux gens qui avaient été trompés jusque-là, tandis que les personnes compromises s'agitaient comme des diables dans un bénitier. Connaissez-vous, docteur, ce tableau satirique qui représente un curé annonçant en chaire qu'il va lancer sa calotte à celle de ses paroissiennes qui aura le plus trompé son mari?... Mon discours produisit sur la camarilla un effet analogue. Chacun se reconnut et trembla de m'entendre souligner mes allusions. Mais personne ne s'avisa de me répondre.

.•.

Voilà mon réquisitoire, honoré docteur, au moins en substance. Vous penserez bien, en effet, que je n'ai pu tout dire : avec des adversaires tels que vous, il est prudent de garder en réserve quelques faits péremptoires et quelques arguments solides.

A votre tour à vous exécuter.

Soyons francs, cependant! Je reconnais que vous avez déjà fait un mémoire justificatif de votre conduite. Mais cette circonstance même va se retourner contre vous.

Si, en effet, ce mémoire tentait votre justification, il constituait, en revanche, un véritable acte d'accusation contre ma personne. On m'y mettait à chaque ligne au défi de prouver la fausseté de vos allégations.

Mais voici le plus grave. Ce mémoire, qui concluait à mon exclusion de la famille positiviste, c'est-à-dire à une espèce d'excommunication à la manière religieuse, devait naturellement être déposé rue Monsieur-le-Prince, 10, pour être communiqué à tout requérant, et notamment à moi, le principal intéressé. Voici, au surplus, la preuve de ce que j'avance :

Villers-sur-Mer, 9 juin 1877.

Mon cher Mollin,

Impossible de vous envoyer le mémoire en question ; je l'avais chez moi jeudi soir et je me disposais à en prendre copie dans la journée de vendredi ; mais j'ai été embauché vendredi pour Villers, près Trouville, et il m'a fallu partir immédiatement; j'ai renvoyé le mémoire à M. Magnin, en lui faisant dire qu'il n'avait pas aperçu *une note qui y était annexée, par laquelle M. Robinet exprime le désir que le mémoire ne quitte pas la rue Monsieur-le-Prince et que la communication en soit faite à toutes les personnes qui le désireraient,* « *y compris M. Mollin lui-même.* »

Cette lettre, dont je cite le passage important, était signée d'un homme dont vous ne récuserez ni la sincérité, ni l'honorabilité, ni la compétence : Isidore Finance...

C'était donc bien un débat contradictoire que vous sembliez provoquer.

Encore un détail corroborant ma thèse. Les lettres d'invitation — j'en ai eu une entre les mains — portaient ceci : « *L'attaque ayant été publique, la réponse doit être publique.* » C'était correct. Cependant, aucun des positivistes qu'on savait m'être sympathiques ne fut convoqué. C'est sans doute par erreur que la personne qui m'a fourni ce renseignement avait été prévenue...

Dans de pareilles conditions, vous ne pouviez manquer d'obtenir le succès. Et vous l'avez obtenu d'autant plus facilement que vous aviez pour vous le ban et l'arrière ban de tous les gens compromis dans l'intrigue, convoqués soigneusement *ad hoc*. Quant aux personnes libres et innocentes de toute complicité, elles ne pouvaient faire aucune opposition, puisque le mémoire devant m'être communiqué, la décision était susceptible d'appel, partant révisable.

Comment se fait-il, pour en revenir au mémoire précité, que, pendant près de six mois, toutes sortes de démarches aient été tentées pour m'en faire obtenir communication et que toutes ces démarches soient restées infructueuses ? Comment se fait-il, surtout, que, après beaucoup de subtilités et de fugues savantes, le bourgeois Robinet, mis enfin au pied du mur par le prolétaire Finance, ait fini par renier ses engagements premiers et par déclarer nettement qu'*il ne me serait absolument rien communiqué, attendu que j'étais un* VAURIEN ?...

Il faut l'avouer, docteur, vous ne mettez guère d'accord vos actes et vos paroles, votre conduite et vos théories philosophico-historiques. J'en appelle à l'auteur du *Procès des Dantoniens*, dont la verve mordante a si justement flétri les Robespierristes qui condamnèrent Danton et ses amis sans les entendre et sans leur permettre de présenter leur défense (1),

---

(1) *Procès des Dantoniens*, par le Docteur Robinet, *passim* (*La Politique positive*, Revue occidentale, n°s 1, 14, 21, notamment aux pages 15, 143, 223 de la 1re année, 102 et 110 de la 2e année).

et je lui demande, la main sur la conscience, comment il se fait qu'on use contre moi des mêmes procédés reprochés aux Jacobins?

Mais il y a mieux, ou pis plutôt. Comment, et pourquoi, vous, M. le docteur Robinet, avez-vous cru devoir vous justifier? En définitive, je n'avais nommé personne ; mes accusations ou mes insinuations avaient affecté un caractère vague et impersonnel... C'est donc que vous vous êtes reconnu ! C'est donc que vous vous êtes senti coupable!... Qui se sent morveux se mouche, dit le proverbe... Vous pensiez sans doute que personne ne me préviendrait, et qu'en me portant à l'improviste ce coup droit en pleine poitrine, vous auriez vite et facilement raison d'un homme isolé. Pour mieux m'abuser et me perdre, tout en me déchirant par derrière, votre camarilla me faisait bonne mine et m'accablait par-devant de flatteries hypocrites : « Mon cher Monsieur Mollin par ci, mon cher Monsieur Mollin par là »... Et dans la coulisse, on m'appelait voleur, mouchard, fou furieux et on m'apprêtait de nouveaux traquenards...

L'événement a déjoué ces calculs misérables: j'ai été mis sur mes gardes et je me défends.

A nous deux, à présent, Docteur, avec l'impartiale opinion pour juger des coups et prononcer la sentence !

⁂

Vous aurez beau dire et beau faire, il vous sera difficile de justifier votre mémoire soi-disant justificatif et l'emploi que vous en avez fait ! Ah ! c'est que vous ne pouviez prévoir que j'en pourrais avoir un beau jour connaissance !... La meilleure preuve, c'est que le président de la Société positiviste n'y a jamais fait allusion avec moi. Il m'écrivit au contraire (je cite textuellement) :

> Vous vous êtes *volontairement* exclu des réunions positivistes, dans lesquelles, malgré votre intolérance, j'aurais voulu vous voir rester.

Il ne fallait alors, par prudence, garder soigneusement votre mémoire chez vous, et ne le communiquer à personne ! Il est vrai que vous espériez peut-être voir Finance s'en servir sournoisement pour me nuire...

Heureusement vos calculs ont été déjoués. J'avais des amis sincères qui, au lieu de me trahir, m'ont renseigné religieusement et m'ont ainsi permis de fortifier ma défense.

Quelle déveine, hein? qu'un plan si habile ait raté! Car c'était habile, il n'y a pas à le nier. Les gens à qui vous auriez lu le rapport, et auxquels vous auriez fait entendre que, si je n'y répondais pas, c'est que je n'avais rien à répondre à des arguments aussi solides, s'en seraient allés convaincus de ma culpabilité... D'autre part, et en admettant que j'eusse pris à la lettre ces paroles de Magnin, les personnes qui m'auraient interrogé n'eussent pas manqué davantage de me tenir pour un infâme menteur, puisque je leur aurais certainement répondu que je m'étais retiré *volontairement, en laissant des regrets...* Piége à double détente, savamment combiné, et que ne désavouerait pas Rodin lui-même! Mais cher et aimé Docteur, voyez ce que sont les vicissitudes des choses humaines! Votre dilemme, où vous croyez m'acculer, n'était pas complet. Il existait une troisième alternative et il se fait que c'est précisément celle-là où m'ont jeté les événements.

Tout a tourné contre vous!

Vous vous proposiez plusieurs choses:

1° Me déconsidérer.

2° Empêcher que je me rencontrasse avec les personnes trompées qui, au banquet du 3 juin, n'avaient pas pu me parler.

3° M'isoler des amis de province ou de l'étranger qui auraient pu me demander des explications.

Le premier point est évident. Si vous n'aviez eu, en effet, en vue que d'éviter ma présence à vos réunions, c'était fort simple, puisque je ne faisais pas, n'ai jamais fait ni demandé à faire partie de la Société positiviste, puisque j'ai même toujours refusé d'en faire partie quand on me l'a proposé. J'ai tout bonnement fait connaissance avec M. Laffitte à son Cours. C'est alors qu'il m'invita à assister aux réunions, invitation qu'il renouvela et que j'acceptai après ma sortie de Sainte-Anne. Vous n'aviez donc qu'à insérer dans les statuts de votre société — que je ne connais pas, — une clause ainsi conçue: « Le *philosophe* Laffitte

« ne pourra inviter le *prolétaire* Mollin
« à assister aux réunions positivistes sans se
« munir d'une autorisation préalable du *bour-*
« *geois* Robinet. » Vous refusiez ladite autorisation et le tour était joué... Mais cela ne vous suffisait pas : vous teniez à faire croire à une *exclusion* pour cause d'*indignité!*

Le second et le troisième points, — à savoir que vous vouliez, au mépris des principes étalés dans vos livres, m'interdire de communiquer avec nos coreligionnaires de bonne foi, — ne vont pas m'embarrasser davantage. Ces aliénés ont parfois une lucidité et une perspicacité étranges, n'est-ce pas M. le médecin aliéniste? Un fait entre cent!

L'excommunication majeure qui m'avait frappé n'interrompit, en aucune façon, mes relations avec le directeur du positivisme, ni avec mes anciens amis. Même, le 17 novembre, sur invitation personnelle (1), j'étais allé rendre visite à M. Laffitte. La visite avait été longue et nous étions même sortis ensemble, après une minutieuse conversation sur les

(1) Invitation reçue le 31 octobre.

tiraillements intérieurs du positivisme... Je cite tous ces détails pour mieux préciser la situation. — Quelque temps après, je rencontrai de nouveau M. Laffitte qui, toujours affable, m'invita à assister à son cours, commencé du dimanche précédent (1). — J'obéis d'autant plus volontiers à cette invitation que vous-même, Docteur, vous aviez fait imprimer et placarder des affiches annonçant que le cours en question serait PUBLIC. Me voilà donc parti pour la rue Monsieur-le-Prince. Je pénètre sans difficulté dans la première pièce, où se trouve la bibliothèque. Mais, au moment où je vais franchir le seuil de la seconde, l'entrée m'en est interdite par les deux Kun, Laporte et Boudeau. Je ne compte pas Mme Merlière. Boudeau me menaça même d'envoyer chercher la police et de me faire arrêter... Voyons! Était-ce donc un traquenard à moi spécialement tendu que cette affiche menteuse, placardée dans tout Paris et que chacun a pu lire? Que signifie cette mystifica-

(1) M. Laffitte m'expliqua qu'en réalité son cours ne commencerait que le dimanche suivant. La semaine précédente, il n'avait fait qu'un simple discours d'ouverture.

tion : un cours PUBLIC où il est défendu à certaines personnes d'assister ?

Comme, au surplus, je ne tenais pas au scandale, je n'essayai point de forcer la consigne, mais je ne voulus pas non plus battre en retraite pour cela. Donc, je pris un livre que je me mis à feuilleter, tout en inspectant du coin de l'œil ces quatre argousins d'un nouveau genre, avec leur auxiliaire femelle. — Je vis alors que les personnes qui se présentaient n'entraient pas tout de go, comme d'ordinaire, mais qu'on les *introduisait*, comme s'il se fût agi d'une réception solennelle. Probablement, ce luxe de précautions où les aptitudes de Boudeau aux fonctions de « larbin » se déployaient dans toute leur splendeur, était dirigé contre moi... ? Il est donc hors de doute qu'on voulait m'isoler.

Il y eut mieux ou pis : cela dépend du point de vue.

Boudeau, transformé ainsi en d'Harcourt de l'Elysée de la rue Monsieur-le-Prince, eut à « introduire » majestueusement plusieurs personnages de tout acabit. Mais il y en eut un que je remarquai particulièrement. Il en valait la peine, comme on va le voir. C'était un *bonapartiste* bien connu (1), Emile Morlot, rédacteur d'un journal de Montbéliard et auteur d'articles dithyrambiques en l'honneur du scélérat du 2 Décembre!... « Elle est bien bonne », hein ? comme disaient ces rédacteurs du *Figaro*, avec lesquels vous frayez peut-être aussi, qui sait ?

Toujours est-il que le double fait d'interdire l'entrée d'un cours public à un coreligionnaire, ami personnel du professeur, et d'en donner le plus galamment du monde l'hospitalité à un badingueusard de la trempe des Morlot, méritait récompense. Aussi, avez-vous fait bientôt de Boudeau l'administrateur du journal dont votre gendre est le Dalaï-Lama... Tout service mérite rémunération.

A ce propos, j'ai, dans un autre ordre d'agissements, une explication nouvelle à vous demander... Je ne vous interrogerai plus sur les motifs qui vous ont déterminé à donner de l'argent aux parents de ma femme. Je vous ai déjà dit, à cet égard, à vous-même, rue Mon-

(1) Il émargeait sous l'Empire aux fonds secrets. La preuve en a été découverte aux *Papiers des Tuileries*.

13

sieur-le-Prince, quelque temps avant que vous n'ayez demandé mon éloignement, ce que vous méritiez qu'il fût dit. Ce n'était pas extrêmement flatteur pour vous, mais vous ne m'en serrâtes pas moins la main un instant après. Ce n'est plus des parents de ma femme que j'entends vous parler. Vous leur faites dire que je suis un malhonnête homme, que je suis fou, que ma femme n'ose plus sortir seule de peur de me rencontrer, etc., etc. Tout cela se paie... bien. Mais, passons !

Laissons de côté les gens de la rive droite pour nous occuper un peu des gens de la rive gauche, de Laporte, par exemple... Loin de moi la pensée, bien entendu, de vous reprocher jamais les services matériels que vous lui rendez. Venir en aide à son semblable est un acte de charité trop respectable pour que j'y contredise. Il est agréable, au contraire, surtout à notre époque, de voir pratiquer la fraternité.
— D'ailleurs, en ce qui concerne ces secours matériels, ils ne sont pas gratuits de votre part. Laporte n'est-il pas pour vous d'une complaisance à toute épreuve? La plus stricte justice exige qu'on indemnise ses domestiques

et ses laquais : je ne vois même aucun inconvénient à ce qu'on leur donne ses vieux paletots à user...

Mais je veux parler de services d'un autre genre. Voici en quatre mots : Pourquoi diable, dans quel but mystérieux cherchez-vous à faire passer aux yeux du public votre Laporte pour un homme supérieur ? Vous devez savoir que vous ne réussirez qu'auprès des gens qui ne l'approchent pas, absolument comme vous n'avez pu accréditer le bruit de ma folie que chez les imbéciles ou chez ceux qui n'avaient pas pu prendre de renseignements sérieux !

Au surplus, je précise et je mets les points sur les *i*.

Quelques jours après le premier Congrès ouvrier de Paris, je proposai, à la réunion de la rue Monsieur-le-Prince, de faire imprimer le discours que Finance venait de prononcer. Il me fut répondu que cette mesure était déjà décidée. Où ? je n'en sais rien. Tout ce que je sais, c'est que pas un seul mot n'en avait encore été dit aux réunions de la rue Monsieur-le-Prince...

Voici ce qui se passa. Sur les exigences de

Finance, cinq cents exemplaires du discours de celui-ci furent tirés à part et mis en vente à 10 centimes. Mais cela ne faisait pas, paraît-il, votre affaire. Vous fîtes imprimer en même temps une autre brochure intitulée : « Le positivisme au Congrès ouvrier, » avec ce sous-titre : « Discours de MM. Laporte, Magnin et Finance. » Or, j'ai assisté à toutes les séances du Congrès ouvrier. Jamais je n'ai entendu Laporte prononcer de discours : il n'a pas même ouvert la bouche. — Mais, direz-vous, s'il n'a pas prononcé ce discours au Congrès, il l'a prononcé ailleurs. — C'est possible. Je ne doute pas que Laporte soit en état de *lire* ce discours ; mais, à coup sûr, il n'est pas en état de le *comprendre*, et encore moins de l'*écrire*... Allons plus loin. Je pourrais vous nommer l'auteur de ce discours. Je sais aussi que c'est vous qui avez écrit la préface de la brochure en question. C'est mon ami Finance qui l'a retouchée, et s'il y reste encore bien des points légitimement critiquables, cela tient à ce qu'on était pressé de la publier, et que Finance était absorbé par son travail...

Pourquoi donc essayer de faire croire que

Laporte était de taille à écrire un semblable discours? Est-ce pour tromper le public? Est-ce pour flatter la vanité de votre *factotum* et récompenser ses services intimes par une rémunération intellectuelle? L'opinion, édifiée désormais, prononcera.

Je tiens, pour ma part, à formuler aussi, à cet égard, ma façon de penser. Laporte, selon moi, n'a fait preuve d'intelligence qu'une seule fois : c'est le jour où il s'est décerné à lui-même un certificat d'imbécillité, que tout le monde a pu lire dans le numéro 5 de la *Politique positive*, à la date du 16 juin 1872:

Ma pensée ne crée rien, disait-il. Elle erre, incertaine, entre les différentes affirmations ; je pourrais dire que je manque du plus vulgaire bon sens. Toujours est-il que j'ai bien de la peine à distinguer si mes actions sont toujours dans la bonne voie...

« Sa pensée ne crée rien ! » Il n'est donc qu'un instrument passif. Et notamment dans la part qu'il a prise à mes mésaventures, son rôle n'a été que secondaire... Qui donc tenait les ficelles?

Peut-être, à force de creuser cette question, finirait-on par comprendre pourquoi on tient tant à lui prêter une intelligence supérieure, emportant avec elle pour conséquences initiative et responsabilité...

*
* *

Prenez garde ! citoyen Docteur ! Comme vous avez évidemment été mêlé à l'intrigue, comme vous avez joué dans toute cette affaire un rôle quelconque, — actif ou passif, peu importe ! ce n'est point à moi, c'est à l'opinion à en décider souverainement, — vous n'échapperez point à l'enquête. Dès lors, et puisque la force des choses et la logique des circonstances vous rangent fatalement au nombre des suspects, j'ai le droit, conformément aux traditions de la justice que l'Europe nous envie, — sans nous l'emprunter, — de produire vos antécédents et de mettre sous les yeux du tribunal, qui n'est rien moins que le public tout entier, certains faits à vous afférents, qui, tout en étant étrangers à ma personnalité et à ses vicissitudes, ne m'en semblent pas moins de nature à éclairer la religion du jury.

Vous souvenez-vous, Monsieur, de la conférence que vous avez donnée, il y a quelque trois ans, en avril 1876, si j'ai bonne mémoire, à la salle d'Arras, à propos de l'amnistie ? Loin de moi la pensée de vous blâmer d'avoir prêché la nécessité de cette grande mesure d'humanité, de pacification, de bonne politique et de justice. Je suis, au contraire, des premiers à vous en féliciter et à regretter que le pétitionnement dont vous prîtes alors l'initiative, en compagnie de votre disciple, le jeune Lucien Delabrousse, aujourd'hui conseiller municipal, n'ait pas eu plus de succès... Mais, après avoir ainsi pris et donné acte de votre républicanisme et de mon approbation, il reste à voir si cela a duré longtemps. Hélas ! non. S'il y a loin de la coupe aux lèvres, c'est un abîme qui sépare vos paroles de vos agissements.

Quand, en effet, vingt et quelques mois plus tard, les partisans sincères de l'amnistie, et peut-être bien aussi d'autres citoyens indifférents à l'origine, mais que votre chaude propagande avait fini par convertir, se décidèrent à *pratiquer* leurs convictions, et, pour les faire passer dans les faits, posèrent la candidature du martyr Blanqui dans le VI° arrondissement, qui trouvèrent-ils en face d'eux? Qui leur fit échec en première ligne? — Vous, monsieur le docteur, et votre digne gendre le docteur Dubuisson...

Point n'est besoin, au surplus, d'insister sur ce fait, ni de l'agrémenter de commentaires. Il suffit seul, dans sa brutalité. J'ajoute que, de celui-là, au moins vous n'éluderez point la responsabilité. Vos deux noms se sont étalés assez, au grand jour, en lettres multicolores, sur tous les murs du VI° arrondissement, au bas des affiches de l'avocat Hérisson, peut-être même sur ce mur sinistre du Luxembourg, encore étoilé par les balles qui foudroyèrent Tony Moilin...!

Je m'arrête. Je ne veux pas qualifier cette conduite. Je laisse à d'autres cette besogne vengeresse, me contentant de coudre ce lambeau de votre passé à votre dossier judiciaire.

Je préfère m'appesantir sur vos agissements cachés, mystérieusement élaborés dans votre officine intime, et qui sont généralement ignorés, même de la plupart des positivistes.

Ces révélations seront peut-être plus significatives. Elles attesteront, au moins, que les plus redoutables ennemis du positivisme sont dans son sein : ce sont les loups qui ont revêtu la peau de l'agneau pour rester dans la bergerie.

Eh bien ! j'ose affirmer que ces gens-là, que ces ennemis domestiques, ce sont les coryphées de ce que les positivistes sincères appellent « la petite église de la rue Saint-Placide. » Pour cette coterie néfaste, il n'est rien de sacré, Auguste Comte lui-même, s'il revenait à la vie, ne saurait échapper à leurs mesquines jalousies.

Tenez, n'ont-ils pas déjà pris pour cible son successeur Pierre Laffitte ? Faute de grives, on mange des merles, dit le proverbe : et il semble entendu, Docteur, que vous ferez tout pour confirmer, par votre conduite, la sagesse des nations. Il va de soi que, pour ruiner M. Laffitte, on a eu recours aux procédés traditionnels ; on a agi sournoisement, hypocritement. Les meneurs ont, comme toujours, abusé de la sincérité, de la franchise de personnes naïves, qu'ils mettaient en évidence, pour ensuite dérober derrière elles leurs machinations et leur responsabilité.

Je veux vous mettre sous les yeux la partie de ma correspondance où j'expose ces intrigues avec quelques détails. Cela vous prouvera, Docteur, que je suis renseigné et que des ennemis comme vous ne sont pas de taille à me faire perdre la tête.

AU CITOYEN ISIDORE FINANCE

Paris, le 10 Bichat 90 (12 décembre 1878)

> On est aussi blâmable en ne faisant pas ce que le devoir commande qu'en faisant ce que l'honneur défend.

Mon cher Finance,

En vous renvoyant, il y a six semaines, la circulaire du docteur Congrève et celle du docteur Sémérie que vous aviez eu la complaisance de me communiquer, j'ai cru devoir y ajouter un mot dans lequel, en prévision de la réunion que je savais devoir se tenir le lendemain rue Monsieur-le-Prince, je vous recommandais de soutenir M. Laffitte comme directeur du positivisme, et d'ouvrir l'œil sur les menées du caméléon Robinet et de sa coterie.

C'est, m'a-t-on dit, ce que vous avez fait.

Il m'a été depuis communiqué une troisième circulaire, signée du docteur Audiffrent, qui, comme celle du docteur Sémérie, débute par une adhésion sans réserve à la fâcheuse entreprise que le docteur Congrève a si inconsidérément résolu de poursuivre, et qui consiste à supprimer momentanément la fonction de directeur du positivisme et à concentrer entre les mains du principal propagateur de cette proposition bizarre le produit du subside destiné à indemniser ce fonctionnaire, et ce, jusqu'au jour où les partisans de cette idée biscornue auront reconnu *l'opportunité* du rétablissement de cette charge.

Si l'on en retranche les quelques renseignements qui justifient l'épigraphe du docteur Audiffrent : « Je sers, » ces trois circulaires peuvent se résumer ainsi :

1° Charge à fond de train contre M. Laffitte, assaisonnée de récriminations puériles, de remontrances ridicules et d'actes de contrition intempestifs ;

2° Invitation engageant les positivistes à rompre avec leur chef et à lui refuser toute espèce d'appui, soit moral, soit matériel ;

3° Enfin, admiration outrée pour des croyances et des pratiques religieuses qui répugnent à toute personne à la fois clairvoyante et honnête, et dont l'application donnerait inévitablement naissance à un troupeau de fanatiques imbéciles ou sordides que dirigerait et exploiterait fatalement une poignée d'hypocrites sceptiques, astucieux et cyniques.

Tout cela est rédigé, d'ailleurs, de manière à déconsidérer et à discréditer les personnes qui ont eu la naïveté de l'écrire.

Après la lecture de ces trois prospectus, tout positiviste méditatif restera convaincu que ces trois docteurs ne sont que d'aveugles instruments servant inconsciemment les projets ambitieux d'un quatrième docteur, de celui-là même qui, pour mieux dissimuler sa fiévreuse ambition et masquer ses batteries, écrivait, il y a deux ans, au citoyen Yves Guyot, les phrases suivantes :

M. Pierre Laffitte est le DIRECTEUR DU POSITIVISME, *l'initiateur, le conseiller reconnu et aimé de l'école philosophique, du parti politique et de la secte reli-*

gieuse qui confessent les doctrines de Comte et en poursuivent la réalisation.

Ce que l'auteur de ces lignes oublie de dire, ce que nous autres, positivistes de la deuxième génération, ignorions absolument, M. Audiffrent s'est chargé de nous l'apprendre.

Nous savons maintenant que celui qui écrivait à Yves Guyot :

« *Je ne tiens donc, en quoi que ce soit, si ce n'est par le respect et la confiance qu'il m'inspire, au groupe philosophique, n'ayant, par imperfection naturelle, ni la force et la culture mentale, ni l'élévation morale et l'austérité qu'exige le sacerdoce.* »

Nous savons, dis-je, que ce personnage amphibie s'était, il y a vingt ans, reconnu toutes les qualités nécessaires pour succéder à Auguste Comte, et avait accepté d'emblée la fonction sacerdotale que remplit M. Laffitte depuis cette époque.

« *Lorsque je voyais les hésitations de M. Laffitte*, écrit M. Audiffrent, *hésitations qui n'avaient d'ailleurs rien que de fort honorable pour lui, car il ne se sentait pas de force à se charger de la succession d'Auguste Comte, je proposais à M. le docteur Robinet la direction vacante pour maintenir le groupement positiviste. M. Robinet avait accepté cette lourde tâche, reconnaissant déjà l'insuffisance morale de M. Laffitte quand arriva celui-ci.*

Il n'y a plus à en douter, si vous n'intervenez énergiquement dans cette affaire, les intrigues de l'homme qui a échoué en 1857 devant la supériorité écrasante de M. Laffitte se perpétueront jusqu'à ce qu'il soit parvenu à le faire renverser.

Avais-je raison, il y a un an, quand M. Laffitte m'affirmait que la scission n'aurait pas lieu, que M. Robinet s'était chargé de rétablir l'accord, de lui répondre :

« Vous êtes dans l'erreur la plus complète, et cela tient à ce que vous considérez comme des conciliateurs et des amis du positivisme ceux-là même qui, par leurs menées souterraines, ont produit la division qui existe et qui persistera tant que les éléments dissolvants qui lui ont donné naissance ne seront pas réduits à l'impuissance? »

Avais-je raison de lui dire :

« Croyez à la réconciliation, puisque vous le voulez, mais tenez-vous sur vos gardes.

« Vous comprendrez prochainement que ceux qui m'ont fait exclure n'ont agi ainsi que pour mieux vous combattre.

« Après le prolétaire, le philosophe; c'est dans la logique bourgeoise, tenez-vous le pour dit. »

N'avais-je pas encore raison lorsque je lui écrivais que le personnage caché dans la coulisse et qui dirige toutes ces intrigues ne s'arrêterait pas pour un échec ?

« Cette personne, lui écrivais-je (je cite textuellement), encouragée par une longue série de succès, en est arrivée à croire qu'à force de ruses et de stratagèmes elle parviendra à placer le directeur actuel du positivisme dans cette alternative, ou de se soumettre à ses caprices, ou de se démettre de ses fonctions. »

Eh bien, est-ce que les docteurs Congrève et Sémérie n'ont pas dans leur circulaire respective déclaré avoir employé toute leur influence pour déterminer M. Laffitte à accepter une ligne de conduite qui n'aurait été, en définitif, que la réalisation des idées fantasques qui composent la partie essentielle du bagage intellectuel de la personne qui les inspire ?

Est-ce qu'après avoir énuméré toutes les tentatives infructueuses faites dans le but de détourner M. Laffitte de la marche qu'il avait cru devoir s'imposer, le docteur Audiffrent qui, comme ses deux confrères, est inspiré par la personne en question, n'a pas écrit à la date du 3 Shakespeare 90 (12 septembre 1878), ce passage justificatif de mes prévisions :

La scission eut lieu comme il fallait s'y attendre, et elle ne cessera que par la démission volontaire ou forcée de M. Laffitte ?

Dans ces conditions, une vigoureuse intervention de votre part est indispensable.

Vous ne devez pas rester plus longtemps simple spectateur de ces intrigues, vous devez les dévoiler et en démasquer les auteurs.

C'est là un devoir que l'intérêt du positivisme exige et que l'honneur du prolétariat vous impose.

Vous savez pourquoi j'ai été exclu des réunions de la rue Monsieur-le-Prince.

Eh bien! que ce que les pseudo-positivistes redoutaient tant de ma part soit fait par vous. Vous n'avez pas à hésiter un seul instant. « Fais ce que dois, advienne que pourra. »

Il faut, avant que vous soyez excommunié comme je l'ai été, que vous renseigniez M. Laffitte sur les agissements de son entourage.

Il est urgent que cet homme connaisse les procédés perfides qu'emploient constamment contre lui ces hypocrites flatteurs.

Vous devez expliquer au directeur du positivisme comment la scission s'est produite et lui signaler les particuliers qui l'ont provoquée. Vous êtes on ne peut mieux renseigné pour lui fournir les indications nécessaires, puisque la coterie qui reçoit le mot d'ordre de la rue Saint-Placide a tenté de vous associer à ses intrigues.

M. Laffitte ignore complétement que longtemps avant que M. Sémérie allât à Londres, tout fraîchement préparé, s'entendre avec M. Congrève, de longue main endoctriné, il existait à Paris de petits conciliabules où les approbateurs hypocrites du directeur du positivisme faisaient le siége de son cerveau et exaltaient les qualités subjectives du postulant pseudo-morphique pour le compte duquel ils complotaient.

N'a-t-on pas, dans ces réunions clandestines, soutenu que M. Laffitte tombait en enfance, que ce n'était plus qu'un radoteur, un espèce de ramolli ?

Qui donc composait cette collection de drôles qui se permettaient d'attaquer aussi indécemment l'intelligence du penseur qui, de l'aveu même des ennemis sincères du positivisme est considéré comme la tête la plus forte et la mieux organisée de notre époque ?

Quels étaient donc les polissons qui mettaient ainsi à sac la raison du philosophe ?

Citons les principaux : Boudeau, Kun, Laporte, le docteur Dubuisson, puis l'opportuniste Robert Macaire, attendant dans la coulisse le moment favorable pour faire son apparition et escalader les tréteaux !

Vous devez, suivant moi, fournir à M. Laffitte la preuve qu'au mois d'octobre 1877 le docteur Sémérie n'est allé en Angleterre, et qu'à son retour il ne l'a mis en demeure de se démettre que sur les instances et à l'instigation des propres courtisans du directeur du positivisme ; de ceux-là même qui, avant comme depuis la scission, n'ont pas cessé de lui prodiguer leurs hypocrites louanges et leurs basses flatteries.

Est-ce que le jour où les membres de la coterie de la rue Saint-Placide se rendirent chez le docteur Sémérie pour le déterminer à mettre leur projet à exécution, le docteur Dubuisson, ce séminariste en puissance de belle-mère, n'a pas déclaré qu'il n'y avait plus à compter avec M. Laffitte, que ce n'était qu'un incapable dont il fallait absolument se débarrasser ?

Voilà ce que le successeur d'Auguste Comte ignore et ce que le devoir vous oblige à lui apprendre.

Mais quel est donc, en définitif, le but que se propose cet essaim de néocores et de capioglans inspirés par une cartomancienne ventripotente et gastrolâtre ?

Que feraient ces cabaleurs niais et impudents si, après avoir sourdement miné le directeur du positivisme, ils parvenaient à le renverser ?

Vous le savez, ils tenteraient de procéder à la célébration du mariage incestueux de la philosophie et du cléricalisme !

N'ont-ils pas, en effet, proposé l'union des positivistes et des catholiques et indiqué jusqu'aux noms des évêques avec lesquels les premières relations devaient être établies ?

N'ont-ils pas, confondant intentionnellement *contraire* avec *relatif*, proclamé qu'à l'avenir les positivistes devaient se marier à l'église ?

Et c'est au moment où, dans leurs écrits comme dans leurs prônes, les cléricaux avouent leur impuissance à arrêter la marche ascendante des idées modernes ;

C'est au moment où, effrayés des progrès croissants, continus et irrésistibles de la libre-pensée, les chefs du clergé jettent le cris d'alarme et de détresse à cette foule de mécréants qui les déborde ;

C'est à ce moment que ces cynocéphales poussés par leur Maritorne, osent nous proposer de jeter le positivisme naissant dans les bras du catholicisme agonisant !

Espèrent-ils donc pouvoir revivifier le catholicisme en lui procurant, pour me servir des expressions du docteur Robinet : « *Un regain de force et de jeunesse par transfusion de sang ?* »

Qu'ils le sachent, ces thaumaturges ignares, on ne ne ressucite pas les morts et on ne vaccine pas un moribond on l'extrêmise.

Voici donc un des points du programme arrêté dans la capucinière du quartier Notre-Dame-des-Champs.

Mais il en est un autre non moins significatif et qu'il importe d'examiner.

Lorsqu'il y a plus d'un an vous souteniez qu'il n'y avait personne capable d'enseigner et de propager le positivisme aussi avantageusement que M. Laffitte, il vous fut répondu par ceux qui ont mission de faire du siége du positivisme la succursale de la jésuitière de la rue Saint-Placide, que personne ne s'opposait à ce que M. Laffitte poursuivit son œuvre d'enseignement et de propagande.

On ne voulait, disait-on, que lui retirer l'emploi de directeur, afin qu'il fût possible d'imprimer une certaine direction à son activité.

Mais à qui voulait-on le subordonner ?

Le doute n'est plus permis ?

C'est à ce bourgeois papelard que nous connaissons, lequel se parerait du titre de directeur du positivisme et pourrait ensuite bourgeoisement disposer des 10,000 francs que produit annuellement le subside.

Ainsi, au lieu de tendre à réaliser le principal vœu d'Auguste Comte, qui consiste dans « l'alliance des prolétaires et des philosophes, » on prétend, au contraire, soumettre les deux éléments de la régénération sociale à la domination bourgeoise.

On veut, en un mot, mettre les penseurs comme les travailleurs sous la dépendance de la bourgeoisie.

C'est-à-dire de cette classe dont la dégénérescence intellectuelle a pu permettre aux jésuites d'établir dans son sein L'ALLIANCE de la *soutane* et du *jupon*, en vue de diriger les *pantalons de satin* et les *culottes de peau* contre les revendications DE LA BLOUSE.

Ce que l'on désire, c'est soumettre le cerveau et le muscle à la panse.

Ce qui serait, en définitive, subordonner tout ce qui médite et travaille à ce qui digère, autrement dit aux parasites pour lesquels le fondateur de la sociologie avait moins de sympathie que pour les chevaux et que tout positiviste ne peut et ne doit considérer que comme étant au corps social ce que la vermine serait au corps humain si l'emploi des insecticides nous étaient interdit.

Voilà donc, en résumé, le projet élaboré par la virago obèse et gloutonne dont la valetaille, qui compose son houraillis, poursuit l'exécution.

En voilà assez, je suppose, pour être fixé sur les intentions des MENEURS.

Examinons maintenant le rôle des *menés*.

Il est de toute évidence qu'en agissant en l'absence de tous renseignements exacts, les docteurs Congrève, Audiffrent et Sémérie se sont conduits comme de véritables enfants.

Ils ne se seraient certainement pas fourvoyés de la sorte s'ils n'avaient pas systématiquement refusé de se mettre en relation avec les positivistes de Paris, qui seuls étaient en situation de les renseigner sur les véritables caractères de la crise.

Leur erreur résulte donc de leur funeste habitude de ne

puiser leurs informations qu'auprès du prélat et des thuriféraires de la petite chapelle de la rue Saint-Placide.

En se comportant ainsi, c'est-à-dire en accomplissant volontairement et complaisamment toutes les conditions nécessaires pour se faire leurrer, nos docteurs n'ont pas seulement pratiqué une sottise, ils ont commis une véritable faute.

Mais ce qui atténue la gravité de leur transgression, c'est la sincérité de leurs intentions et surtout la loyauté de leurs procédés.

Car il importe de constater et de dire que, contrairement aux rusés qui les mènent, ils agissent publiquement et au grand jour, et rappelez vous bien que quand les personnes sont sincères et bien intentionnées, il est toujours possible de les faire revenir de leur erreur.

Quels sont leurs griefs, après tout? et de quoi se plaignent-ils? De ce que le positivisme ne se développe pas avec la rapidité qu'ils se croient en droit d'exiger, quand ils considèrent, d'une part, les forces considérables dont pourrait disposer le directeur du positivisme, et d'autre part, les dispositions favorables qui dominent l'ensemble du public et particulièrement le prolétariat. Eh bien, ils ont raison, et je suis, sur ce point, absolument de leur avis.

Mais je me sépare complétement d'eux quand ils imputent exclusivement à M. Laffitte la stagnation dont ils se plaignent.

Certes, le directeur nominal du positivisme n'est pas infaillible; ses circulaires annuelles, constamment rédigées de manière à satisfaire les êtres malfaisants qui le trompent et se f.... de lui, le témoignent suffisamment.

Ces messieurs seraient donc parfaitement en droit de lui reprocher d'avoir, par une bienveillance coupable et une faiblesse inexcusable, trop souvent accédé aux pernicieux conseils du personnage néfaste qui préside aux opérations du comité occulte et anonyme qui constitue le phylloxéra du positivisme.

C'est dans cette sollicitude inexplicable, dans cette bienveillance machinale envers ceux qui le mystifient, que réside la principale, on pourrait même dire l'unique mais grave imperfection du directeur nominal du positivisme.

Toute la question est là, puisqu'en réalité c'est en cela que consiste la plaie, le cancer qui ronge le positivisme et nuit à son développement.

Mais nos docteurs scissionnaires s'entêtent à voir la maladie ailleurs; on est même parvenu à leur faire croire que c'était M. Laffitte seul qui paralysait le mouvement et entravait le prosélytisme.

Eh bien! vous devez leur prouver le contraire.

Vous devez leur démontrer que dans leur aveugle admiration pour l'aspirant pontife dont ils servent si bien la cause, ils ont confondu les deux pôles de l'appareil céphaloscopique qui produit le double courant au sein du positivisme et que, partant, ils ont été amenés à gratifier de propriétés attractives ceux dont la conduite et les allures excitent la plus profonde et la plus légitime répulsion, et à attribuer une action répulsive à la personne dont les convenances, le savoir et le dévouement produisent la plus intense et la plus sympathique attraction.

Il importe donc que ces messieurs soient désabusés et c'est à vous, qui n'êtes pas encore exclu, qu'incombe ce devoir.

A vous qu'il y a trois ans, à propos de la conduite inqualifiable que Robinet, Dubuisson et consorts avaient tenue à mon égard, avez avoué que si vous aviez eu connaissance de ces faits dans la première année que vous êtes venu rue Monsieur-le-Prince vous auriez immédiatement quitté le positivisme.

A vous qui, l'année dernière, au moment où M. Laffitte était l'objet de basses menées de la part des mêmes individus, avez déclaré que vous ne persistiez dans vos relations que dans le but de maintenir le groupement, faciliter la propagande de M. Laffitte et combattre les intrigants qui s'acharnaient sournoisement à sa personne.

C'est à vous que revient la tâche d'éclaircir la situation que certains roués cherchent à obscurcir à dessein.

Dans ces circonstances, vous devez, conformément aux principes positivistes, agir au grand jour et vous prononcer ouvertement de manière à dissiper toute espèce d'équivoques et à ce qu'il ne soit possible à personne de pouvoir vous confondre avec les escarbots de la rue Saint-Placide.

Comptant qu'en ceci vous saurez sauvegarder la dignité du prolétariat, je vous serre fraternellement la main.

Votre tout dévoué ami et coreligionnaire,

GABRIEL MOLLIN
Rue de Lourcine, 28.

Paris, le 21 Bichat 90 (23 décembre 1878).

Mon cher Mollin,

Je regrette de n'avoir pu retrouver le dernier *papier* que j'ai reçu de M. Congrève; vous auriez pu y voir que vos présomptions sur les auteurs véritables de la crise positiviste sont mal fondées, et vous y auriez appris quel est celui qui, il y a vingt ans, a laissé pénétrer dans son cerveau l'ambition qui vient finalement de le pousser à consommer une rupture irrévocable.

Je le regrette d'autant plus que cela vous eût empêché de rechercher la publicité que vous me semblez vouloir donner à votre appréciation. Il vous aurait suffi, pour reconnaître votre erreur, de vous rappeler la première loi de philosophie première : Former l'hypothèse la plus simple et la plus sympathique que comporte l'ensemble des renseignements à représenter.

Je dois vous prévenir aussi que, entre autres, les détails que vous donnez sur une réunion qui a eu lieu chez M. Sémerie sont complètement erronés.

Enfin, nous sommes sortis heureusement de ces quelques mois de trouble, et je vous avoue que nous avons autre chose à faire qu'à perdre notre temps à constituer le dossier des paroles inconsidérées des uns, des désirs irréfléchis des autres.

Oubliant quelques petites divergences momentanées, nous sommes revenus à l'union qui nous est si nécessaire pour le triomphe de notre cause, et nous sommes résolus à ne pas nous en départir.

Je vous salue fraternellement,

Isidore FINANCE,
Rue du Roi-de-Sicile, 36.

Paris, le 22 Bichat 90 (24 décembre 1878).

Mon cher Finance,

Dans votre récente lettre, vous m'exprimez le regret de ne pouvoir retrouver le dernier *papier* que vous a adressé M. Congrève et contenant la preuve que mes présomptions sur les véritables auteurs de la crise positiviste sont mal fondées.

Vous regrettez d'autant plus de ne pouvoir retrouver cet écrit que vous êtes convaincu que mes opinions se modifieraient si j'avais connaissance du contenu de ce factum.

Mais, mon cher Finance, il n'est pas nécessaire que vous retrouviez ce mémoire pour m'en faire connaître la teneur.

Veuillez donc, je vous prie, me fournir les informations que vous croyez de nature à modifier mes convictions, et pour cela, je vous le répète, point n'ai besoin que vous attendiez d'avoir retrouvé l'original que vous avez égaré.

Je compte donc que vous me ferez parvenir au plus tôt les renseignements qui font que désormais vous attribuez la crise positiviste à d'autres personnes que celles que, de concert avec l'ensemble des véritables Positivistes, nous avions jusque-là considérées comme les vrais coupables.

En attendant votre réponse, je vous serre fraternellement la main,

Gabriel MOLLIN,
Rue de Lourcine, 28.

Paris, le 23 Bichat 90 (25 décembre 1878).

Mon cher Mollin,

Je reçois à l'instant votre lettre et je m'empresse de vous satisfaire en ce qui concerne les détails que vous me demandez.

Vous avez lu comme moi dans la première circulaire de M. Congrève que celui-ci, quoique subordonné en apparence à M. Laffitte, avait toujours été mécontent de son action ; que, dès 1862, il avait manifesté son mécontentement dans son discours du 5 septembre, et qu'enfin, depuis quelques années, il s'était débarrassé de toute idée de subordination ou de direction.

Les révélations contenues dans sa dernière publication donnent un nouveau caractère à ses récriminations. Il y raconte naïvement qu'en venant à Paris après la mort d'Auguste Comte, il avait vu qu'il ne serait pas impossible qu'on lui offrît immédiatement la direction que, à différentes reprises, on la lui avait effectivement offerte ; il se croyait capable de tenir cet emploi, il ne l'a pas refusé, mais pour des raisons qu'il ne dit pas, on lui a préféré un Français.

L'amour avec lequel il rapporte les détails de ces débats est, pour moi, une preuve suffisante que c'est là l'homme qui, depuis vingt ans, s'est ingénié à provoquer des plaintes, des critiques sourdes contre la direction actuelle.

Son orgueil théorique a souffert pendant tout ce temps d'une *direction rentrée ;* mais il lui fallait, pour agir, l'appui de quelques Français. M. Sémerie, gardant rancune à M. Laffitte de ce qu'il ne s'était pas fait le courtier de son journal, s'est trouvé dans les dispositions nécessaires pour tomber dans le piége, et il a été chargé de mettre le feu aux poudres.

Ce n'a été qu'une fusée.

Elle nous laisse au poste plus solides qu'auparavant et prêts à soutenir de nouveaux assauts que, d'ailleurs, on ne tentera pas de si tôt.

Je vous salue fraternellement,   Isidore FINANCE,
Rue du Roi-de-Sicile, 36.

Mon cher Finance,

J'ai le regret de vous le dire, mais la réponse que vous me faites à ma lettre du 12 décembre 1878 n'est autre chose que la traduction succincte de l'opinion fausse que les gens qui subissent l'influence de la petite église de la rue Saint-Placide se font — ou se laissent faire — dans la crise intérieure du Positivisme.

Que me dites-vous, en effet ? Vous me prévenez que M. R. Congrève vous a fait parvenir un nouveau *papier*, que vous regrettez de ne pouvoir retrouver, parce que, ajoutez-vous, il contient des renseignements inédits sur la genèse de la crise, renseignements qui jettent un nouveau jour sur les intrigues dont, depuis vingt ans, le Positivisme est travaillé. Voici, au surplus, vos expressions textuelles : " Vous " auriez appris quel est celui qui, il y a vingt ans, a " laissé pénétrer dans son cerveau l'ambition qui " vient finalement de le pousser à consommer une " rupture irrévocable... „

Raisonnons un peu, je vous prie.

Quoique sans relation aucune avec les scissionnaires, j'ai eu communication de la circulaire de M. Congrève presque immédiatement après que vous m'en aviez signalé la publication. Les regrets que vous témoigniez de ne pas pouvoir me la communiquer étaient donc superflus... Ils étaient d'autant plus superflus — permettez-moi de vous parler franchement ! — que les révélations qu'elle contient, loin, comme vous le prédisiez un peu téméraìrement, de contredire mes " présomptions, „ leur donnent, au contraire, une confirmation inattendue. J'estime, et j'ai l'espoir de vous démontrer qu'il s'en dégage une irréformable condamnation des idées que professent les gens de la coterie et que j'ai eu le chagrin de voir percer dans votre lettre.

Des explications que vous me fournissez, il résulte que, parmi les Positivistes, il y a deux manières d'envisager la question, deux conclusions divergentes. Peut-être serait-il plus exact de dire que la question se scinde en deux phases, en deux parties successives. Le premier point est de savoir à qui il faut faire remonter la responsabilité de la perturbation. Tout le monde est unanime à reconnaître qu'il faut l'attribuer aux agissements d'un intrigant cupide et ambitieux de prendre la place du directeur actuel du Positivisme. Où l'on cesse de s'entendre, c'est quand il s'agit de nommer ledit intrigant et de constater son identité. Les uns affirment qu'il habite Paris et répond au nom poétique de Robinet; les autres, pornocrates conscients ou non, soutiennent qu'il habite Londres et se nomme Congrève. Voilà le thème !

Avant d'entrer dans le vif du sujet, notons un point en passant. Ce qu'il y a d'étrange dans cette scission qui fut l'objet de tant d'intrigues (et dont un groupe... d'intéressés se garde bien de parler dans sa Revue), c'est que tous les dissidents sont étrangers à Paris... Des trois chefs du nouveau schisme, en effet, l'un habite Londres, l'autre Marseille, et le troisième a quitté Paris pendant quelques années... Je ne sais pas si vous êtes comme moi, mais je vois dans ce simple détail un grand sujet d'édification.

Ce n'est pas tout. Ce que beaucoup ignorent, mais ce que vous et moi — nous savons, — c'est que les dissidents, exempts par leur éloignement même des distractions et des... cancans de la capitale, sont précisément les mêmes qui avaient les relations les plus suivies avec le Dr Robinet. N'était-ce pas chez lui qu'ils descendaient ? Nous avons pu constater jadis, mon cher Finance, que M. Congrève ne quittait pas la famille Robinet : il n'allait pas rue Monsieur-le-Prince sans avoir Marie Weyer pendue à son bras; et il revenait de même ! Le Dr Audiffrent était à peu près dans le même cas.

Remémorez-vous un peu, je vous prie, l'ardeur que les filles Bourdon, agents actifs de qui vous savez, dépensèrent pour " moucharder „ ce pauvre M. Audiffrent, lorsque, au commencement de 1875, voulant briser la toile où il était englué, je l'invitai à venir passer la soirée chez moi en compagnie d'ouvriers positivistes, dont vous étiez, mon cher ami. Ajoutons que, lors des deux passages que le troisième, M. Sémérie, a faits à Paris, avant la scission, tout fut mis en œuvre pour *l'isoler* du reste des Positivistes. N'alla-t-on pas jusqu'à dire que sa sûreté personnelle serait compromise s'il se présentait rue Monsieur-le-Prince ? Et le croyant, le naïf ! il n'assista ni au cours de M. Laffitte, qui se faisait le dimanche, ni aux réunions de la société positiviste, qui se tenaient le mercredi. Avez-vous donc oublié le zèle que madame Merlière et l'escobar mâle déployèrent, à cette occasion, pour être agréable au patron occulte, en empêchant tout rapprochement dudit Sémérie et des Positivistes ?

Sous le bénéfice de ces observations, étudions à présent la circulaire de M. Congrève.

Le philosophe anglais raconte ce qui s'est passé après la mort de M. Auguste Comte dans les réunions où il s'est trouvé, et où il s'agissait de désigner le nouveau directeur du Positivisme. Voici comment il parle :

Première réunion. — " Le Dr Foley dit qu'il pren-
" drait la place si Sophie (madame Martin Thomas)
" voulait le reconnaître (?). Au milieu d'une discus-
" sion très-chaude, le Dr Audiffrent se tourna vers
" moi et me dit : *Notre honorable collègue pourrait
" tout aussi bien avancer ses prétentions à la succes-
" sion.* Sur quoi le Dr Bazalgette dit : *Nous pour-
" rions faire un plus mauvais choix.* Finalement, la
" réunion se sépara sans avoir rien décidé. On pensa
" qu'il valait mieux attendre. „

Deuxième réunion. — " Le Dr Bazalgette entra, prit
" une chaise à côté de moi, et me dit : *Tout est dé-
" cidé ; M. Robinet prend la place !* Je compris qu'on
" était arrivé à cette décision dans une discussion
" séparée, et je trouvai le procédé irrégulier. Je me

" bornai à exprimer mon opinion dans ce sens. „

Que conclure de ceci, sinon que M. Robinet s'était fait nommer à cache-pot, ce qui pourrait bien être un premier point de repère de nature à nous aider à découvrir l'intrigant que nous cherchons!

M. Congrève, parlant du nouveau directeur, s'exprime ainsi : " Le docteur Robinet dit *modestement*
" qu'il ne se sentait pas à la hauteur de la tâche,
" mais qu'il avait consenti à l'accepter... Bientôt
" après, M. Laffitte revient à Paris, et nous eûmes
" une autre réunion... „

C'est dans cette réunion que M. Laffitte fut nommé directeur.

Déjà, dans ma première lettre, je vous ai parlé de l'arrivée de M. Laffitte à Paris. Je tiens cependant, pour ne rien laisser dans l'ombre, à vous rappeler ce qu'en dit le Dr Audiffrent dans une brochure à la date du 3 décembre dernier : " Je proposai, dit-il,
" M. Robinet, qui accepta sans hésitation. Mais
" quand M. Laffitte revint à Paris, tout fut oublié,
" et, comme je l'ai dit ailleurs, on se jeta littérale-
" ment dans ses bras... „

Eh bien! mon cher Finance, qu'en pensez-vous? A qui donc Robinet s'était-il vanté de cela? Qui donc savait qu'il avait ainsi *accepté*, et *sans hésitation* encore? — Il est vrai que cela ne l'empêchait pas d'écrire, quelque vingt ans plus tard, dans les journaux : " Je n'ai, par imperfection naturelle, ni la
" force et la culture mentale, ni l'élévation morale et
" l'austérité qu'exige le sacerdoce. „

Vous me permettrez bien, après cela, mon cher ami, tablant sur l'ensemble des renseignements que je possède, d'en conclure par ces expressions, dirigées par vous contre un autre, " que c'est bien là l'homme
" qui, depuis vingt ans, s'est ingénié à provoquer
" des plaintes, des critiques sourdes, contre la direc-
" tion actuelle. „ Si ce n'est qu'une hypothèse, vous m'accorderez bien, en dépit de votre appréciation de la première heure, qu'elle est la plus simple et la

plus sympathique ! Puisque vous avez cru devoir me rappeler à l'observance d'une loi de philosophie première — que je n'ai point violée, comme je viens de vous le démontrer,—je vous en rappellerai à mon tour une autre, et je vous dirai que, pour qui voudra se donner la peine de " subordonner ses constructions " subjectives aux matériaux objectifs, „ c'est à Robinet, et non pas à Congrève que semblerait devoir s'adresser votre phrase railleuse : " Son orgueil théorique a souffert pendant tout ce temps d'une *direction rentrée.* „

À ce propos, je veux vous faire part d'un racontar assez répandu. Notez que je vous dis ceci *sous toutes réserves*, ayant l'habitude de n'affirmer que ce que j'ai pu vérifier. On a prétendu que ledit Robinet avait déjà fait faire... *son costume pontifical !...* quand M. Laffitte est arrivé à Paris. Des personnes qui se disent bien renseignées vont jusqu'à fournir des détails sur ce déguisement carnavalesque, qui participait à la fois, paraît-il, du costume des femmes, de l'habit archiépiscopal et des oripeaux des saltimbanques... Avouez que, si le fait est exact, le bonhomme ne doit pas souffrir seulement d'une *direction rentrée :* son cas se complique encore d'une indigestion de bal masqué !

Voici déjà, si je ne me trompe, le terrain de notre débat quelque peu déblayé.

Je vous prie, mon cher Finance, de bien remarquer une chose, c'est que, dans l'appréciation que j'ai faite de la crise, appréciation qui a tant irrité les mamamouchis et les sacristains de la rue Saint-Placide, je n'ai rien supposé, rien imaginé, rien inventé. Vous avez pu en juger vous-même ! j'ai observé, constaté et établi mon jugement en dehors de toute espèce de considérations bienveillantes ou malveillantes, les sentiments ne devant jamais intervenir dans l'estimation des faits. La sympathie et l'antipathie faussent le raisonnement : c'est ce qu'on exprime en disant que la haine et l'amour sont aveugles. — J'ai, en un mot, suivi la méthode objective et expérimentale. Ceux, au contraire, qui vont demander à certain prélat ce qu'ils doivent penser et croire, s'abîment dans le subjectivisme le plus pernicieux.

Ce n'est pas pourtant que je prétende que les thuriféraires qui professent des opinions contraires aux miennes en soient les auteurs. Je ne prétends pas davantage, dans un autre ordre d'idées, que ceux qui croient en Dieu ou font métier d'y croire, ont inventé de toutes pièces cette conception lucrative... La race des dupes n'est jamais perdue...

Ce que je veux dire seulement, c'est que beaucoup de gens — et vous, tout le premier ! — ont été à même de constater les intrigues mystérieuses et peu avouables de la coterie. Vous avez pu constater que ç'a été sur la proposition écrite du Dr Robinet qu'on m'a exclu des réunions positivistes : exclusion irrégulière, s'il en fut! puisque les membres de la société positiviste n'avaient pas été convoqués et qu'on avait réuni *ad hoc* toute la coterie de la rue Saint-Placide. M. Robinet m'a donc fait exclure absolument comme il s'était fait jadis nommer directeur : c'est-à-dire à cache-pot ! Voilà qui ne cadre guère avec la fameuse devise : Vivre au grand jour ! Comment ne vous en êtes-vous pas souvenu? Comment n'en avez-vous pas profité?

Ce que vous avez pu encore et dû constater, c'est que, dès le lendemain, cette même camarilla commençait de comploter le renversement de M. Laffitte. Vous savez comment on procéda. M. Laffitte n'avait pas, en apparence, de plus fervents adulateurs que ceux qui, dans les conciliabules secrets, faisaient tout pour le compromettre. Il n'y a pas eu de mensonges ni de calomnies que ces vipères n'aient essayé de répandre contre lui, tandis que, par devant, on l'accablait de compliments courtisanesques et des plus plats témoignages de dévouement. Vous savez tout cela, mon cher ami, puisqu'on tenta de vous associer à ces manœuvres indignes. Ne vous a-t-on pas convoqué à ces réunions occultes dans l'espoir de vous inféoder à la conspiration? Vous avez pu, par conséquent, apprécier à sa juste valeur cette bourgeoisie impudente, qui s'imagine que toutes les consciences prolétariennes sont à vendre, depuis qu'il lui a été permis d'en acheter quelques-unes, au prix modique d'une boîte de pilules ou d'un paquet de chiendent... Vous avez observé de près ces êtres serviles et bas, qui sont la honte de la classe ouvrière, ces instruments de la domination ploutocratique qui s'aplatissent littéralement comme un tapis sous les pieds des exploiteurs, pour en obtenir un lavement gratis... Vous connaissez la façon d'agir de ce monde-là et vous la connaissez pertinemment. Avez-vous donc oublié déjà que, désespérant d'obtenir votre concours, les meneurs exigèrent votre silence, surtout à mon égard, de peur que M. Laffitte ne finît par être averti. Que dites-vous de ces renseignements? N'est-ce pas à moi plutôt qu'à vous qu'ils donnent raison?

C'est dans l'ombre et jésuitiquement qu'on a cherché à couper l'herbe sous les pieds de M. Laffitte. C'était également dans l'ombre et jésuitiquement que M. Robinet a cherché à se faire nommer directeur. L'identité des méthodes est une attestation nouvelle de l'identité des personnages!

M. Robinet ne doit pas encore avoir complétement renoncé à son rêve d'il y a vingt ans. C'est, du reste, la seule illusion qui puisse lui rester. Il ne peut même plus espérer conquérir jamais les fonctions de conseiller municipal : il a pris rang, en effet, parmi les candidats éternels, à côté des Gagne, des Bertron, des Obriot et des Pradier-Bayard... Le progrès des idées ne peut plus désormais être arrêté. Les fonctionnaires municipaux sont élus désormais, et, à moins d'obtenir du nouveau gouvernement une faveur semblable à celle que son protecteur, le capucin général Trochu lui avait si généreusement accordée pendant le siége, l'ancien maire du VI° ar-

14.

rondissement peut faire son deuil définitif de ces honneurs d'antan. Il n'a pas, au moins, à le regretter, puisque cela lui a permis, entre autre avantage, d'épargner à son cher fils, qu'il fit placer à l'Hôtel-de-Ville, les désagréments des champs de bataille...; mais ces beaux jours sont passés. Les électeurs ne semblent pas vouloir entendre de cette oreille, ni faire suffisamment cas de tous ces services rendus... à sa famille. Bon gré, mal gré, il faut couper les ailes à son ambition et se rabattre sur les horizons plus étroits du sacerdoce positiviste. Mais rentrons dans notre sujet, et fermons ici la parenthèse.

Ce qu'il y a de singulier dans les mœurs de ceux qui subissent l'influence de cette coterie, c'est qu'ils attribuent à Pierre les fautes de Paul et à Jacques les actes de Pamphile. C'est à se croire au Palais-Royal ou plutôt à Charenton. Il est vrai que c'est un bon moyen puisqu'il réussit et puisqu'il y a encore un certain nombre de gens qui se *trompent* d' " ambitieux, hypocrite „ et s'*imaginent* que M. Congrève est l'instigateur de la crise.

Je veux précisément m'expliquer avec vous sur ce point. Ni les affirmations intéressées des meneurs, ni leurs prohibitions ne m'empêcheront d'user de ma liberté d'examen. D'ailleurs, je suis excommunié et n'ai plus, par conséquent, à redouter de nouveaux anathèmes.

Le caractère de M. Congrève suffit seul pour démentir les insinuations des Basiles de la rue Saint-Placide. Si M. Congrève avait voulu se créer un parti à Paris, rien ne lui aurait été plus facile. Il est vrai que ce n'aurait pas été parmi les vrais positivistes qu'il eût pu recruter ses adeptes : tout en reconnaissant, en effet, sa droiture, sa franchise, sa fermeté, sa perspicacité, aucun n'eût accepté ses tendances par trop cultuelles. Mais à défaut de positivistes sérieux, rien ne lui eût été plus aisé que de grouper ceux qui n'ont ni opinion, ni volonté, que d'enrégimenter les habitués de la petite chapelle gens qui, vendant leur conscience et leurs services pour un clystère, obéiraient aussi bien à l'Anglais qu'au Lorrain. Le Dr Congrève et ses amis d'outre-Manche, en outre de leur part dans la souscription au subside proprement dit, n'ont-ils pas fourni assez d'argent, plus d'argent même qu'il n'en fallait pour installer à Paris une " *infirmerie* „ modèle, assez bien montée en clysopompes pour séduire tous les satellites présents et futurs du Dr Seringuinos? Loin de faire de sa fortune un usage aussi personnel, M. Congrève remettait, au contraire, son tribut à M. Robinet, qui pouvait ainsi, grâce à ces ressources extérieures, se transformer en sœur de charité et passer, à bon marché, pour le Petit Manteau Bleu du faubourg Saint-Germain. N'est-ce pas précisément à propos d'une distribution d'argent britannique qu'une querelle, suivie d'une rupture de plusieurs années, est intervenue entre les filles Bourdon et celui que j'appelle Escobar — vous savez pourquoi? On s'était mutuellement reproché d'avoir trop reçu... La réconciliation se fit sur mon dos, en novembre 1875, et l'on vit alors les deux parties rivaliser de zèle dans une affaire qui dut leur rapporter gros, et sur laquelle M. le Dr Robinet refuse — pour cause, sans doute — toute espèce d'explications.

Il faut avouer que, si M. Congrève brigue le pontificat, il agit bien maladroitement, et fait un bien mauvais usage de ses titres et de ses forces!

Il est vrai que les croyants de M. Robinet ne sont pas au bout de leur rouleau. Ne sachant plus comment expliquer l'ambition prétendue et la problématique hypocrisie du philosophe anglais, ils lui reprochent d'être *mécontent* et lui font un crime de manifester son mécontentement. Vous me pardonnerez, mon cher Finance, d'emprunter à vos propres expressions la confirmation de mon dire. Je lis, en effet, dans votre lettre du 25 décembre 1878:

" Quoique subordonné en apparence à M. Laffitte, " celui-ci (M. Congrève) avait toujours été *mécon-*

" *tent* de son action ; dès 1862, il avait manifesté son
" mécontentement dans son discours du 5 septem-
" bre ; enfin, depuis quelques années, il s'est débar-
" rassé de toute idée de subordination ou de direc-
" tion. „

Voilà le grand grief !

Eh bien ! mon cher ami, au lieu de blâmer M. Congrève, les vrais positivistes devraient, au contraire, le féliciter d'avoir agi ainsi. Il a fait preuve de la plus grande sagesse. Il commence par aviser l'opinion de son mécontentement, et il le motive. On n'en tient pas compte. Il se débarrasse alors de ce que tous les hommes considèrent comme une oppression. Il n'accepte pas la soumission aveugle ni la foi indémontrée. C'est l'homme qui ne veut consentir à concourir que librement et à des œuvres convenables, chez lequel on ne rencontre ni rébellion fantasque ou arbitraire, ni soumission passive. Ce n'est pas un fanatique acceptant tout sans examen, ni un énergumène jetant sans motif son bonnet carré par-dessus les moulins... Je sais bien que cela doit paraître extraordinaire aux valets qui ne savent que répéter comme des perroquets le mot d'ordre du maître, comme à ceux qui pratiquent ce vieux proverbe en vertu duquel la parole aurait été donnée à l'homme pour déguiser sa pensée... Mais, vous, mon cher Finance, comment pouvez-vous vous faire l'écho conscient de pareilles billevesées ? Ne comprenez-vous pas que le docteur Congrève est un homme, un citoyen qui fait respecter la nature humaine dans sa propre personne et qui se conforme scrupuleusement à ce précepte de Bacon : " Ce que les disciples doi-
" vent à leur maître, c'est seulement *une sorte de*
" *foi provisoire, une simple suspension de jugement ;*
" mais ils ne lui doivent jamais un entier renonce-
" ment à leur liberté, ni une perpétuelle servitude
" d'esprit. „

Permettez-moi encore, pour achever de justifier ma thèse, de produire d'autres souvenirs.

Dans le discours qu'il prononça à Paris le 5 septembre et qu'il fit publier dans le n° 11 de la *Politique positive*, M. Congrève s'exprima avec sa sincérité et sa loyauté ordinaires; ce qui ne plut guère aux bourgeois qui se proposaient de spéculer sur le positivisme :

" La classe prolétaire, y est-il dit, est la seule qui
" soit sérieuse. L'autre, la bourgeoisie industrielle,
" est tout entière à la recherche du gain. En dehors
" du commerce, elle ne rêve qu'aux jouissances et
" aux distractions. La bourgeoisie professionnelle
" est-elle aussi placée beaucoup trop au point de
" vue personnel.— Rien de plus désespérant pour
" nous que cette attitude si faible à l'égard de tout
" ce qui ne touche pas directement aux intérêts et
" aux jouissances ; et pour la faire cesser, aucun
" moyen ne sera plus puissant que le contrôle effec-
" tif de l'opinion, de la seule classe pour qui les né-
" cessités de la vie, non les jouissances, entrent en
" première ligne, et pour qui l'existence que mènent
" les autres est une insulte permanente... "

Puis, parlant de la stagnation du positivisme, il manifeste son mécontentement en ces termes qui, il faut en convenir, n'était pas de nature à satisfaire son ancien concurrent, celui qui se disposait déjà à marier son fils à l'Eglise, en attendant qu'il fît proposer par un de ses fidèles l'alliance des positivistes et des cléricaux. Vous savez qui je veux dire !

" Dans la lenteur inévitable de notre accroisse-
" ment, nous ne devons nous reprocher que la part
" qui est due à notre propre défaillance. Ce manque
" d'ardeur fait l'effet sur le public d'un manque de
" convictions, et produit en nous une action hési-
" tante. Evidemment, dans ces limites, nous sommes
" responsables du lent accroissement de notre foi. "

Et il conclut à ce que les bourgeois positivistes devaient verser leurs fils dans le prolétariat. Il appelait cela *un déclassement en sens inverse.* " Une pa-
" reille action, disait-il, est si conforme à l'esprit

« général de notre système, qu'elle ne pourra man-
« quer de se produire. Des hommes se feront et res-
« teront prolétaires... „

Voilà comment parle celui que veulent clouer au pilori les janissaires microcéphales du directeur manqué, dont je suis si désolé, mon cher Finance, de vous voir aussi, vous si intelligent et si probe, vous faire, de gaieté de cœur et en si mauvaise compagnie, l'instrument involontaire !

Voilà l'homme qui, à vous entendre, devrait être taxé de naïveté ou d'ambition démesurée !

Non ! M. Congrève n'est ni naïf, ni intrigant. Il est convaincu, il est sincère. De tous les dissidents, c'est le plus sagace. Si, en effet, il a reconnu les imperfections de M. Laffitte, s'il a constaté son insuffisance, au moins a-t-il été le seul pour attribuer cette infériorité en partie à l'homme lui-même, en partie à l'influence exercée sur lui par une coterie néfaste.

Je justifie immédiatement, au surplus, cette nouvelle assertion. Parlant des auteurs de l'intrigue qui, après l'avoir lancé dans cette affaire, l'avaient brusquement abandonné, sous le fallacieux prétexte qu'ils redoutaient une scission, M. Congrève, le 17 juin 1878, écrivait les lignes suivantes :

« Je ne puis m'empêcher de faire la remarque que,
« après tout, ce n'est pas précisément *la scission*,
« mais *une certaine scission*, qui est redoutée. On se
« résignerait assez lestement à voir partir tel ou tel
« dissident, *pourvu qu'un certain groupe ne fût pas*
« *entamé*. „

Les intrigants, nous les connaissons ! Et le docteur Congrève aussi ! Ce qui précède l'indique suffisamment.

Quant aux naïfs, il ne sera pas, non plus, difficile de les dénicher.

Ecoutez plutôt ce qu'écrivait M. Audiffrent, le 12 septembre 1878.

« M. Laffitte était tenu de remplir les conditions
« morales inhérentes à une telle fonction, conditions

« dont Auguste Comte lui-même n'a pas cru devoir
« s'affranchir. *M. Laffitte aurait dû se marier.* „

Singulière théorie sous la plume d'un disciple d'Auguste Comte, dont les mésaventures conjugales, engendrant la folie, resteront fameuses dans les annales du positivisme ! Comment ! il faut être marié pour remplir les fonctions de Directeur ! Et pourquoi cela, s'il-vous-plaît ! Ne serait-ce pas, par hasard, parce que M. Robinet est doublé d'une moitié ? Quand on songe à ce petit détail et que, d'un autre côté, on réfléchit que le docteur Audiffrent, quoique célibataire, est, parmi les positivistes français de la première heure, le seul concurrent sérieux, on se dit que, si M. Robinet lui avait lui-même dicté de semblables élucubrations, et ce, dans une vue intéressée, il n'aurait pas écrit autrement !

Dites-moi, mon cher Finance, où donc est le naïf ?

Tous ces savants, voyez-vous, n'ont jamais étudié la nature humaine que dans les livres. Une fois à l'épreuve sur lace, avec des " sujets „ de chair et d'os, ils n'y entendent plus rien. C'est comme l'autre, comme ce crédule de Sémerie ! En voilà encore un qu'on peut, à juste titre, qualifier de... " naïf. „ Ne poussa-t-il pas autrefois la complaisance pour les araignées de la rue Saint-Placide jusqu'à s'interdire l'accès de la rue Monsieur-le-Prince ? N'eut-il pas, tandis qu'il se soumettait ainsi à la quarantaine, l'ingénuité d'écrire, en guise de réponse, à MM. Asseline et Yves Guyot, à propos d'un emprunt municipal, les lignes suivantes :

« Oui, nous acceptons la vierge-mère comme une
« des plus audacieuses et des plus nobles conceptions
« du positivisme et, si nous sommes vainqueurs,
« tenez-vous-le pour dit, sa bannière flottera, radieuse,
« au sommet du Panthéon et sur les tours de Notre-
« Dame. „

Le docteur Sémerie se rappelle-t-il qui a pu lui suggérer d'aussi gigantesques bourdes ? Se rappelle-t-il sous quelle inspiration il a encore écrit cette autre phrase, non moins grotesque :

" La vierge positiviste, mère véritable des hu-
" mains, source éternellement féconde de toute ins-
" piration, etc., etc. ? „

Il faut avouer que, sourde à toutes ces apologies dithyrambiques, elle est bien ingrate pour lui, la vierge-mère ! Tandis, en effet, qu'il lui adressait ainsi ses hommages omnitones, le docteur Dubuisson, effectivement protégé par une autre déesse, moins *vierge* peut-être, mais plus *mère*, plus objective et plus matérielle, lui coupait l'herbe sous le pied et lui ravissait d'emblée la direction du journal dont il devait d'abord être le rédacteur en chef !

La " mère véritable des humains „ n'est donc pas si puissante que cela ! La " source de toute inspiration „ a bien mal inspiré son adorateur ! Comment ! le docteur Sémerie, qui avait donné tant de preuves de capacité, d'érudition et de talent, l'écrivain populaire, se laissait damer le pion par la nullité incarnée, par un dadais qui n'a d'autre titre que d'être le gendre de sa belle-mère ! — Ah ! si le docteur Sémerie voulait se donner la peine de réfléchir, il reconnaîtrait vite que c'est la même main qui lui a enlevé la direction du journal et qui lui a mis sur le dos cette vierge-mère de carnaval !

S'il ne veut pas réfléchir, réfléchissez donc pour lui, vous, Finance, qui avez l'esprit plus libre et le passé plus correct !

Réfléchissez encore sur cet autre passage, non moins curieux :

" Railleur incurable, fourvoyé à la tête d'un mou-
" vement religieux, ce pontife (M. Laffitte), embar-
" rassé de sa déesse, dont il rougit, a pris le parti de
" n'en jamais parler, au lieu d'élever hardiment dans
" les airs le *labarum* qui doit nous mener à la victoire.
" Car c'est par notre vierge que nous vaincrons, en
" rendant enfin aux masses féminines le ciel moral
" qu'elles croyaient perdu ; c'est par elle que nous
" prendrons notre place dans la grande famille reli-
" gieuse..... „

Dites-moi, Finance, comprenez-vous ce que ce charabias veut dire? Je dois déclarer, pour ma part, que, pendant les deux mois que j'ai passés dans un asile d'aliénés, je n'ai jamais entendu de raisonnement aussi dénué de bon sens (1).

Pauvre Sémerie! Il aurait bien dû se remémorer le vieux proverbe : " L'habit ne fait pas le moine, „ et se rappeler que les jésuites n'ont pas de sexe; que, dans toutes les religions, il faut prendre garde aux gens qui ne vous font regarder en l'air et bayer aux vierges-mères que pour fouiller plus à l'aise dans vos poches.

Voulez-vous que je vous dise ma façon de penser sur tout cela? Eh bien! les dissidents ont eu un tort, en effet, et un grand tort. Ils ne devaient pas se retirer. Ils devaient rester à leur poste, pour découvrir, combattre et vaincre l'élément dissolvant dont ils se sont faits, au contraire, les serviteurs aveugles.

En acceptant la rupture, en se posant en apôtres du nouveau schisme, les docteurs Audiffrent et Sémerie se sont lancés étourdiment dans une entreprise déplorable. Au lieu de venir à Paris l'un après l'autre, comme ils l'ont fait, il fallait venir ensemble, il fallait nouer des relations avec les Positivistes, les réunir, exposer les griefs, provoquer des explications; il fallait, en un mot, « agir au grand jour », et rompre avec cette tactique à allures jésuitiques, qui opère toujours dans l'ombre et le mystère.

Point du tout!

Voilà nos docteurs qui désertent, laissant ainsi leur ambitieux rival, sans concurrent ni contre-poids,

---

(1) Je dois cependant faire une exception en ce qui concerne les propos que me tenait alors Magnin, propos dignes de figurer à côté de la nouvelle Immaculée-Conception. Il est vrai que Magnin subissait la même influence que MM. Sémerie et Audiffrent. Les mêmes causes produisent les mêmes effets.

s'emparer de la situation, avec le concours de sa coterie fidèle! Pardessus le marché, comme s'ils s'étaient assigné la tâche de servir jusqu'au bout celui qui les a trompés, ils lui mâchent la besogne, au gré de ses impatiences! Ils écrivent et répandent des publications où ils attaquent M. Laffitte à tort et à travers... *Cui prodest,* dit un brocard juridique, " à qui cela sert-il? „ N'est-ce à M. Robinet, au seul candidat qui reste sur les rangs? La conclusion ressort toute seule, à ce qu'il me semble. N'est-il pas clair que les coups qu'ils lancent ainsi contre M. Laffitte sont dirigés par les machinistes de la rue Saint-Placide, qui tiennent les ficelles et marquent les points dans la coulisse, en attendant l'heure. Les malheureux Audiffrent et Sémerie ne se doutent pas du rôle qu'on leur fait jouer.

Il n'est pourtant pas — il faut le dire — extrêmement malaisé à découvrir. Personne, en effet, ne peut nier que Boudeau, l'administrateur du journal de Dubuisson, ne soit l'âme damnée de Robinet, et l'un des agents les plus actifs de la bande. Or, c'est lui qui — à l'instigation de ses patrons, sans doute, — a publié l'article intitulé : " Une question de fait„ , article qui devait provoquer sûrement une réplique des docteurs Audiffrent et Sémerie. Le coup n'a pas raté. Voilà mes bons moutons qui publient un *factum (après la légende, l'histoire)* dans lequel ils tombent à bras raccourcis sur ce pauvre M. Laffitte, qui n'en pouvait mais. Haro sur le baudet! La fable ne vieillit pas...

Ces messieurs n'avaient pas vu le piége... Pourquoi donc toujours prendre pour cible cet homme que vous-mêmes, messeigneurs les savants et philosophes, vous nous avez enseigné à respecter? N'était-il pas déjà assez humiliant pour lui d'être défendu par Boudeau? Comment n'avez-vous pas compris que l'article de Boudeau était la première pièce de cette sinistre comédie, dont on vous a forcés vous-mêmes à signer les actes subséquents, habilement élaborés et préparés dans la jésuitière ? — Ne sentez-vous pas qu'on vous pousse à votre perte, qu'on vous compromet irrémédiablement ? Que vous, par exemple, Docteur Sémerie, qui déclarez aujourd'hui que M. Laffitte est fait non pas pour commander, mais pour obéir, vous reniez ainsi votre passé ! N'avez-vous écrit encore en 1875, à ce même M. Laffitte, tant honni aujourd'hui :

" Vous êtes le chef, librement accepté, d'une école
„ dont je suis le disciple. C'est volontairement que
„ je me subordonne à vous, et par devoir et par af-
„ fection. Toutes les fois que mes services pourront
„ vous être utiles, *je ferai ce que vous me direz de*
„ *faire, et j'irai là où vous me direz d'aller.* „

Si c'est un chemin de Damas que vous avez trouvé, avouez que vous y avez mis le temps : Dix-huit années d'obéissance !

Qu'en pensez-vous, mon cher Finance ? N'allez-vous pas conclure avec moi qu'en attaquant ainsi M. Laffitte avec une pareille inconséquence, au lieu de le soutenir, de le conseiller, de le soustraire aux influences funestes qui l'accaparent, les docteurs Audiffrent et Sémerie n'agissent pas spontanément ? Il faut voir là-dessous l'action secrète du seul à qui puisse profiter le désarroi. C'est pour celui-là, c'est pour Robinet que travaillent les dissidents. C'est pour les disciples de Loyola, lesquels tiennent essentiellement à avoir un des leurs à la tête du Positivisme, qu'ils déblaient le chemin. Ils ne s'en aperçoivent pas, tant ils sont aveugles ! Pour qu'ils reconnaissent un jésuite, — que leur vierge-mère pardonne à mon scepticisme, — il faudrait, je crois, qu'il portât le chapeau de Basile et un écriteau sur la bedaine !

Tenez ! pour donner à cette thèse une confirmation complémentaire, laissez-moi vous raconter encore par quelles intrigues on est parvenu à substituer Dubuisson à Sémerie. Tous ces détails, croyez-m'en, ne sont point superflus.

Le 16 juillet 1873, dans le dernier numéro de la *Revue* qu'il dirigeait, M. Sémerie publiait la note suivante :

" Un concours de circonstances impérieuses et
„ défavorables nous oblige à suspendre la publica-
„ tion de la *Politique· positive* pour un temps in-
„ déterminé. „

C'était le chant du cygne. M. Sémerie ne devait plus pouvoir remonter jamais ce courant de " circonstances impérieuses et défavorables. „ On allait se débarrasser de lui, d'Audiffrent, de Congrève et de bien d'autres.

Une fois cette œuvre d'...épuration accomplie, le 25 décembre 1877, la coterie, devenue toute-puissante et jugeant le désarroi à point, reconnut opportun de lancer la circulaire suivante :

" Monsieur, le nombre croissant des adhérents au
„ Positivisme, la fermeté de leurs convictions, la
„ certitude de trouver parmi eux le personnel né-
„ cessaire à une rédaction sérieuse, me portent à
„ croire que le moment est venu de mettre à exécu-
„ tion le projet de *Revue occidentale*, autrefois conçu
„ par Auguste Comte, et qu'un de ses disciples
„ les plus distingués serait parvenu à mener à bonne
„ fin, il y a quelques années, si les ressources de
„ toute nature qu'une telle œuvre exige lui avaient
„ moins fait défaut. „

On avait donc ajourné la reprise de ce projet, pendant quatre ans et demi, sous prétexte d'opportunité ! Il y a là, comme dans toutes les rouéries, un motif vrai qu'on dissimule et un prétexte mensonger qu'on met en évidence. Le motif vrai, c'est qu'on voulait mettre Dubuisson à la tête du journal. Le prétexte a été l'inopportunité... Pour qui veut réfléchir, il est de toute évidence qu'il était plus facile à tous les points de vue de continuer la publication alors qu'il y avait des abonnés, des acheteurs, une rédaction constituée, etc., que de recréer tout cela *ab ovo* plus tard... Il n'eût fallu, pour soutenir le journal de M. Sémerie, qu'un peu de bonne volonté de la part de ceux qui se réveillèrent au bout de cinquante-quatre mois. Il n'avait, en effet, aucuns frais de rédaction : j'ai, au moins, tout droit de supposer que les bourgeois qui y écrivaient ne faisaient pas payer leur prose, tandis que moi, simple ouvrier manuel, j'y collaborais gratuitement...

Mais on a fait pour le journal ce qu'on a tenté et ce qu'on poursuit encore pour la direction du Positivisme : on a produit une vacance et casé quelqu'un de la famille !

C'est au cours de la vacance qu'une attaque violente fut dirigée contre le Positivisme par une partie de la presse parisienne.

Cette polémique se termina le 31 mars 1876 par un article des *Droits de l'Homme* contenant le passage suivant :

" Nous engageons vivement les Positivistes ortho-
" doxes à publier un journal pour propager leurs
" doctrines dictatoriales et sacerdotales, et exposer
" leur système et leurs hauts faits. Pourquoi hési-
" tent-ils, s'ils ont foi dans leur œuvre ? La vierge-
" mère viendra à leur secours. "

Dussé-je voir fulminer contre moi le ban et l'arrière-ban des anathèmes en réserve dans l'arsenal de la papauté humanitaire, je dois dire que les *Droits de l'Homme* avaient raison !

Tel était aussi l'avis de M. Sémerie qui accourut naïvement à Paris, pour proposer à ceux qui avaient préparé et amené sa chute la réapparition du journal... Mais tel n'était point celui des gens qui cherchent moins à assurer le triomphe des doctrines qu'ils *professent* qu'à satisfaire leurs besoins personnels de cupidité ou d'ambition. — M. Sémerie fut blackboulé avec perte et fracas ; on l'isola, on l'empêcha d'aller aux réunions de la rue Monsieur-le-Prince, et finalement, pour le déconsidérer et achever de le perdre, on lui fit écrire l'hymne sus-mentionné en l'honneur de la vierge-mère !

Voilà l'histoire vraie, l'histoire objective, j'en suis certain. Ce n'est qu'une hypothèse, soit ! Mais c'est la plus simple, et étant donnés les renseignements incomplets dont nous disposons, elle est singulièrement sympathique !

Ce qu'il y a de plus fort — pour confirmer la déduction de cette hypothèse — ce qu'il y a de plus fort, c'est qu'on fit croire à M. Sémerie que *c'était M. Laffitte qui avait fait tomber le journal et s'opposait encore à sa reprise...* Sémerie le crut, et il le croit encore ! Pauvre dupe ! Le vrai, le seul rival, ce n'était pas M. Laffitte — les hommes intelligents ne se jalousent point entre eux — c'était Dubuisson, dont l'ambition n'a de comparable que l'incapacité... Ici, je ne suppose plus, j'affirme, pièces en main. M. Sémerie, bien mal inspiré par la Pucelle dont il s'est fait le chevalier, écrit, en effet, le 3 décembre 1878 : " M. Laffitte, incapable de rien diriger, et re-
„ doutant, dans sa vanité jalouse tout ce qui tend à
„ s'élever autour de lui, éteint toute activité, arrête
„ toute initiative, et ne se décide enfin à fonder une
„ Revue, *toujours refusée, contre les ennemis du Po-*
„ *sitivisme,* que quand il peut s'en faire une arme
„ contre des Positivistes. „

Quel aveuglement ! C'est sur M. Laffitte que MM. Sémerie et Audiffrent se vengent des sottises que le Robinet leur a fait faire !

" Il n'est pas fait pour commander mais pour
„ obéir !... „ — dit l'un — " Malgré son immense sa-
„ voir que personne n'a contesté — dit l'autre — on
„ n'a jamais vu en M. Laffitte un chef. Le dilettante
„ s'est montré à tous et en toute occasion. „

Comme si M. Laffitte n'était pas bien connu pour un homme d'un cerveau encyclopédique, d'une intelligence puissante, d'un cœur élevé, mais n'ayant pas plus de caractère qu'une femmelette ! Dès lors, au lieu de l'attaquer, il fallait se rallier à lui, le soutenir, le soustraire à l'influence des intrigants qui pouvaient abuser de sa faiblesse. Il ne fallait pas l'accabler, mais le servir en se servant de lui, au lieu de favoriser les projets de ses ennemis.

Est-ce que c'est au bout de vingt longues années qu'on s'en vient déblatérer contre un homme après s'être jadis jeté littéralement dans ses bras ? Qu'on ne vienne pas objecter qu'aux débuts on ne le connaissait pas, ni qu'il a fallût pour le juger et le condamner toute cette expérience ! Déjà, en effet, M. Laffitte avait été apprécié, par Auguste Comte, à sa juste valeur. Je cite textuellement :

„ Quoique les éminentes qualités de son cœur et
„ de son esprit *se trouvent altérées par l'insuffisante*
„ *énergie de son caractère*, j'espère, d'après sa digne
„ préparation, qu'il sera le premier disciple auquel
„ je conférerai le sacerdoce de l'Humanité! „

Rapprochez cela, mon cher Finance, des paroles de Sémerie au même Laffitte, reproduites par moi plus haut : " Dites-moi où il faut que j'aille, j'irai. „ Et concluez vous-même !

A votre tour, à présent, mon cher ami. Vous vous êtes mis en cause : force m'est bien de m'adresser à vous comme aux autres.

Les interprètes de M. Robinet soutiennent que „ mes présomptions sur les auteurs véritables de „ la crise positiviste sont mal fondées. „ Ce sont vos propres expressions, mon cher Finance, car vous faites partie aussi de cette coterie où votre loyauté et votre intelligence — dépaysées — font si singulière figure. Vous n'avez pas hésité à m'écrire, sinon sous la dictée, au moins à l'instigation du médicastre en question, que ma prétendue erreur tenait à ce que j'avais oublié la première loi de philosophie première : « Former l'hypothèse la plus simple et la » plus sympathique que comporte l'ensemble des » documents à représenter. » Autant valait dire que je raisonnais comme un fou !

Ah ! mon cher camarade, permettez-moi de vous le dire : Il est plus que regrettable, il est honteux de voir des prolétaires employer le sophisme et le mensonge (pardonnez ces gros mots à ma légitime indignation!) pour couvrir les fautes des bourgeois perfides! faire chorus avec cette race maudite, s'allier avec eux, prêter à des accusations idiotes la consécration de leur caractère et de leur autorité pour frapper un autre prolétaire... Si cette espèce de trahison peut être excusable chez les simples qui n'ont pas le courage de refuser de vendre leur conscience pour un morceau de pain ou pour un clystère, elle est sans excuse chez les gens indépendants et intelligents comme vous. Si la responsabilité a ses degrés, elle est bien lourde, celle qui vous incombe!

Mais ne récriminons pas! Dût votre amour-propre en souffrir, j'aime mieux encore vous croire dupe que complice.

Laissez-moi vous donner, à mon tour, une leçon de philosophie première. C'est bien mon droit!

Pour ce faire, je vais laisser pour un instant le cas Mollin, et, me lançant dans une digression nouvelle, vous rappeler un autre cas, assez ressemblant du reste, le cas Morison.

Avez-vous oublié quelle favorable impression produisit sur les Positivistes l'installation à Paris de la famille Morison? Non, sans doute. Ce n'était pas seulement parce qu'une famille anglaise quelconque faisait à notre ville l'honneur de la préférer à Londres... Mais c'était une famille positiviste, une famille à laquelle tous ses coreligionnaires n'avaient à adresser que des éloges. Tous nous avons apprécié l'intelligence et le dévouement de M. Morison et de sa femme qui rivalisait avec lui de zèle et d'affabilité.

Madame Morison était de ces femmes que je respecte et qui sont autrement rares dans le monde où elle était née et où elle avait vécu que dans les rangs du prolétariat. C'était une mère de famille, dans toute l'acception de cette élogieuse expression; bonne, distinguée, sympathique, tout le contraire, en un mot, de certaines parvenues que je pourrais nommer. En dehors de ses qualités personnelles et du charme de ses relations, elle rendait des services à la cause positiviste. N'avait-elle pas entrepris le travail gigantesque de recopier la correspondance et toutes les notes d'Auguste Comte, afin qu'en Angleterre on en eût le double? Je n'insiste pas sur les avantages qu'auraient pu produire la présence au sein du groupe et l'exemple surtout d'une femme comme celle-là, d'une femme comme on n'en rencontre guère que dans certaines familles provinciales de la noblesse de vieille roche, certainement plus " *peuple* „ que les filles de la bourgeoisie. C'était, en effet, la *seconde* dame que nous eussions vue aux réunions de la rue Monsieur-le-Prince qui fût réellement digne du nom de dame positiviste !

Quant au mari, il avait organisé des réunions chez lui. Les ouvriers positivistes y étaient reçus à bras ouverts. Vous devez le savoir, puisque vous y êtes allé. On respirait là, on était à l'aise; il y avait une atmosphère de bonne humeur et de sincérité. On sentait qu'il allait là surgir un nouveau centre, d'où jailliraient de nouvelles lumières et de plus fécondes espérances.

Tout à coup, nous apprenons que madame Morison est enfermée dans une maison d'aliénés.

Si quelqu'un — vous, par exemple — venait me dire que la séquestration de cette malheureuse femme a été le résultat des manœuvres de ceux à qui je dois d'avoir été séquestré, je répondrais qu'on fait là une hypothèse hasardeuse, plus compréhensive que l'ensemble des renseignements possédés... On aurait beau me dire qu'ils étaient intéressés à l'éloignement de cette famille, dont la présence à Paris contre-carrait les desseins ambitieux du Dr Robinet, je continuerais de soutenir que ce n'est pas une raison, parce que quelqu'un est intéressé à un malheur, pour qu'il en soit nécessairement l'auteur. La présomption doit s'appuyer sur des preuves objectives, sur des faits... Il est vrai que, si M. Morison n'avait pas été chassé de France par cette catastrophe domestique, la crise positiviste n'aurait pas eu lieu : il est vrai qu'il n'eût pas été possible d'induire en erreur les Positivistes étrangers, qui auraient pu se renseigner auprès de lui,... mais cependant, je ne puis prendre sur moi de charger ces intrigants intéressés d'une responsabilité si lourde.

J'ai l'habitude de baser mes jugements sur les faits que je connais. Or, à propos de ce triste événement, mes renseignements sont très-incomplets.

Chaque fois, en effet, que j'ai demandé des éclaircissements, il m'a été répondu comme on répondait à mes amis alors que j'étais moi-même enfermé à Sainte-Anne. Je fais donc l'hypothèse la plus simple, en conformité des faits que je sais pertinemment et je formule mon appréciation comme il suit : Madame Morison a été enfermée dans un asile d'aliénés, cela est certain. Etait-elle folle au moment de son internement ? Je n'en sais rien, partant, je ne me prononce pas. Je suis payé, en effet, pour ne pas me fier inconsidérément aux *on-dit* : d'ailleurs ceux qui ont affirmé devant moi la folie de Madame Morison sont les mêmes qui, sachant que j'avais toute ma raison quand on m'a enfermé, n'en colportaient pas moins le bruit, — qu'ils ne démentent même pas encore aujourd'hui, — que j'étais fou à lier. — Mais ce que je puis dire, et dire très-haut, c'est que les Positivistes, dont le chef, Auguste Comte, a été de ces " fous *par l'hospice*, „ dont parle l'aliéniste Maudsley, sont coupables, quand ils emploient encore aujourd'hui le procédé pernicieux de l'internement ! Les ennemis du positivisme ne manqueront pas d'exploiter ce fait : ils en auront le droit. Si, en effet, la maladie mentale s'est déclarée en Angleterre, les Positivistes d'outre-Manche, M. Morison en tête, devaient s'opposer à la séquestration. Si la maladie s'est déclarée à Paris, en l'absence du mari, le même devoir incombait à la famille Robinet, proche voisine de la victime... Tous les Positivistes convaincus auraient volontiers prêté leur concours pour empêcher un événement de nature à faire exulter les cléricaux de toute robe.

Je n'évoque ces souvenirs, mon cher Finance, que pour vous montrer, par un exemple, comment j'ai l'habitude d'aborder et de résoudre les problèmes qui se présentent à moi. Vous voyez que je n'ai point autant oublié que vous le voulez bien,— sinon croire, — au moins dire, les principes de philosophie première.

Revenons à présent à mon cas personnel et à mon appréciation de la crise positiviste.

Pourquoi certaine coterie a-t-elle voulu me faire passer pour fou ? Parce que j'avais soutenu que cette coterie, infidèle au Positivisme vrai, cherchait à écraser ses adeptes convaincus et de bonne foi, en même temps qu'elle poussait à l'instauration des pratiques et mômeries théologiques !

Eh bien ! avais-je tort ? avais-je raison ?

Passons en revue nos renseignements. Vous me permettrez, dans l'intérêt de l'ordre et de la lucidité, d'adopter la forme interrogative.

Est-il vrai que des conciliabules ont été tenus dans le but de renverser M. Laffitte, sous le prétexte qu'il n'était pas *assez religieux* ?

Est-il vrai que, dans lesdits conciliabules, Boudeau, Laporte, etc., ont tenu le langage que j'ai signalé ailleurs ?

Est-il vrai que le jour où cette *camarilla* des conspirateurs s'est transportée du siège ordinaire de ses réunions au domicile du docteur Sémerie, le médicastre Dubuisson ait, pendant le trajet, proféré les propos insolents dont je vous ai parlé?

Est-il vrai qu'on ait félicité le nommé Clergé de son mariage à l'église ? et que, malgré ou à cause de ce fait, il ait été désigné à M. Sémerie comme un Positiviste modèle ?

Est-il vrai que, chez Robinet, et en votre présence, Escobar ait déclaré que, à cause de mon mariage célébré simplement selon le cérémonial positiviste, je ne pouvais que nuire au but qu'on se proposait?

Est-il vrai que le même Escobar a demandé l'exclusion de tous ceux qui n'étaient pas inféodés à la coterie, sous le prétexte que leur tempérament révolutionnaire rendait ceux-là peu assimilables?

Est-il vrai qu'on ait posé en principe que le rôle des dames positivistes devait consister à faire aller les libres-penseurs à l'église?

Est-il vrai que cette vieille marchande à la toilette, qu'on fait passer aux yeux des naïfs pour une institutrice, se soit vantée, aux réunions de la rue Monsieur-le-Prince, aux applaudissements de la coterie, d'avoir contribué au mariage religieux d'un libre-penseur?

Est-il vrai que la personne qui a épousé ce libre-penseur de carton, et qui, pour cet exploit, mérite sans doute le titre de « dame positiviste » comme sa tante, assiste depuis aux banquets et prête son précieux concours et son non moins précieux exemple pour lutter contre les velléités d'indépendance qui pourraient encore se manifester?

Est-il vrai, enfin, qu'un coryphée de la bande ait proposé l'alliance du Positivisme et du catholicisme, à telles enseignes que les noms des évêques avec lesquels il fallait s'aboucher étaient d'ores et déjà arrêtés?

Je fais halte, mon cher Finance. Pour établir les erreurs que vous avez cru voir dans ma première lettre, il faudrait démontrer qu'aucune des questions précédentes ne peut être résolue dans le sens de l'affirmative. Ce ne serait pas facile, à ce que j'imagine, puisque tous les faits auxquels j'ai fait allusion sont connus de vous et se sont même passés en votre présence!

J'aurais pu encore ajouter que le président de la société positiviste est allé à l'église, qu'il a été parrain de l'enfant d'un autre membre de la société positiviste, et que Robinet, l'orthodoxe Robinet, a marié son fils religieusement. S'il me tient tant rigueur et rancune, c'est même parce que, lorsqu'il a accompli cet acte, que M. Monier appelle *une fatale concession*, j'étais de ceux qui lui reprochèrent de vendre les principes pour une riche dot... Si je néglige ces faits-là et bien d'autres, qui sont autant d'attestations à l'appui de ma manière de voir, c'est que je ne veux, vis-à-vis de vous, arguer que des faits dont vous avez été témoin.

Pour en revenir à la scission et afin d'établir irréfutablement que ce sont bien les Boudeau, les Dubuisson, les Robinet, etc. qui, pour me servir de vos expressions, se sont *ingéniés à provoquer des plaintes, des critiques sourdes contre la direction actuelle,* je vais mettre sous vos yeux certain passage écrit par les dupes qu'ils ont lancées en avant et abandonnées ensuite, pour entourer plus que jamais M. Laffitte, dont ils sont en apparence les plus fervents défenseurs et qu'ils soutiennent absolument comme la corde soutient le pendu.

Dans sa réponse aux deux signataires du *papier*, ayant pour titre —" une question de fait "— le docteur Sémerie, dit en parlant de Boudeau : " L'un de vous
" même, qui depuis a trouvé le moyen d'arriver un
" peu trop rapidement à Damas, en passant par la
" rue de Couësnon, était autrefois *un des plus amers*
" *contre la direction qu'il défend aujourd'hui.* „ Et
" dans sa circulaire du 11 octobre nous lisons: " M. le
" docteur Robinet, envoie à M. Laffitte, dès le début
" de la crise, sa démission de membre du conseil re-
" ligieux, sous le prétexte ironique qu'il n'a pas
" *l'austérité convenable* pour le mouvement qui se
" prépare. Et M. le docteur Dubuisson, s'associant
" par la gérance de la *Revue occidentale,* à la direc-
" tion *qu'il combattait la veille,* nous déclare que c'est
" après s'être bien rendu compte de la différence de
" point de vue qui existe entre MM. Congrève et
" Laffitte, qu'il se décide pour ce dernier. „

Les excuses fournies aux dissidents par ceux qui les ont excités ne sont, mon cher Finance, que des prétextes spécieux ordinairement usités par ceux qui n'ont ni le courage d'accepter la responsabilité de leurs actes, ni la franchise d'avouer les motifs de leur revirement.

La vérité, — vous le savez, — c'est qu'ayant eu en décembre 1877 connaissance de ma lettre au docteur Audiffrent, expliquant et qualifiant toutes les manœuvres de la coterie depuis les hauts faits d'Escobar jusqu'aux intrigues de la déesse inspiratrice, la camarilla effrayée suspendit soudainement les hostilités.

La vérité, c'est qu'à la nouvelle que M. Laffitte devait avoir communication de cette missive, Seringuinos et ses affidés abandonnèrent subitement MM. Audiffrent, Congrève et Sémérie, et s'empressèrent de faire le chien couchant devant M. Laffitte.

Ce sont en réalité les révélations contenues dans cette lettre qui déterminèrent les meneurs à exécuter leur volte-face.

La bande des fanatiques des deux sexes en perdit la raison, voire même la prudence la plus élémentaire. N'allèrent-ils pas jusqu'à vouloir lire entre les lignes — intentionnellement anonymes — de cette lettre, le nom que je m'étais bien gardé d'y mettre ? Ne prétendirent-ils pas reconnaître dans le passage suivant, dont les termes sont pourtant suffisamment généraux, suffisamment élastiques, le portrait d'après nature, peu flatteur et peu flatté, mais exact, en fin de compte, de l'ange tutélaire de leur confrérie ?

" Mais quelle est donc la main invisible qui
" mène si habilement cette affaire ?....

" C'est un être irresponsable comme la plupart
" des femmes, mais perfide et dissimulé comme au-
" cune d'entre elles, qui, n'agissant que par instiga-
" tion, suggestion, et insinuation, est parvenue à pra-
" tiquer jusqu'ici avec un certain succès ce principe
" jésuitique : " Frappe et cache ta main. „

" C'est cette femme qui s'adresse des lettres ano-
" nymes pour s'en servir dix ans plus tard, et qui.

« pour se mettre à l'abri de tout soupçon et paraly-
« ser l'action de ceux qui pourraient la démasquer,
« fait faire son éloge et celui de son entourage par
« les notabilités du Positivisme, de manière que, re-
« tranchée, avec sa camarilla, derrière une réputa-
« tion surfaite et usurpée, il devient impossible de
« l'attaquer, sans provoquer les aboiements de la
« meute excitée, sans s'attirer les invectives de la
« basse-cour en délire, et sans finalement encourir
« l'excommunication majeure, comme cela m'est ar-
« rivé. Ce détestable type a été admirablement
« peint par Auguste Comte, lorsqu'il écrivit les
« lignes suivantes :
« *Toute femme sans tendresse constitue une monstruo-*
« *sité sociale encore plus que tout homme sans courage.*
« *Eût-elle d'ailleurs beaucoup d'intelligence ou même*
« *d'énergie, son mérite ne pourra dès lors qu'aboutir*
« *d'ordinaire à son propre détriment et à celui d'autrui :*
« *à moins d'être annulé par une discipline théologique,*
« *son caractère ne lui inspirera qu'une vaine insurrec-*
« *tion contre toute autorité, et son esprit ne s'occupera*
« *qu'à forger des sophismes subversifs.* „
Le plus comique de l'affaire, c'est que, après avoir communiqué cette lettre à ses acolytes intimes, l'habile Robinet réunit dans son salon, non-seulement les membres de la coterie qui déjà, et, par anticipation, avaient tenu à souligner mes allusions et à mettre derrière un nom que j'avais gardé pour moi, mais encore tout les positivistes de sa connaissance. Lecture fut donnée à l'assemblée de la lettre que le docteur Audiffrent avait communiquée au pontife de la rue Saint-Placide. Ajoutons que celui-ci, rassuré par l'adhésion spontanée (?) de ses satellites, ne crut pas mieux faire que de désigner lui-même nominativement la personne qu'il supposait avoir été visée par moi. *Inde iræ.* La camarilla s'indignant *à patron*, jugea définitivement qu'un aliéné seul pouvait même tacitement s'attaquer à la divinité du lieu... C'était une interprétation comme une autre, sur laquelle je

ne veux pas m'expliquer, préférant laisser aux imbéciles une responsabilité que j'ai le droit et la faculté de décliner. Mes amis, qui avaient assisté à cette séance de psychologie amusante, faisaient, au contraire, gorges chaudes du rôle ridicule volontairement accepté par le docteur que vous savez. Je fus avisé de l'aventure, et l'un de mes amis ne trouva rien de mieux pour me *féliciter* que de me raconter l'anecdote suivante que je ne connaissais pas, mais qui ne m'en intéressa pas moins. Je suis sûr que vous-même vous la trouverez aussi opportune qu'amusante.

Lorsque sous l'empire, M. Rogeard fut poursuivi pour le pamphlet intitulé : " *Les propos de Labiénus*, „ relevant, au cours de son réquisitoire, le passage où l'auteur disait que l'impératrice Livie fournissait des adolescents et des vierges, le ministère publique eut cette boutade prud'hommesque :

" Tout le monde comprendra que c'est de l'impératrice Eugénie que l'accusé a entendu parler, „ ce fut, d'un bout à l'autre de la France, un immense éclat de rire... Que les adorateurs de la déesse ventripotante prennent garde de se mettre dans le cas du substitut Hémar!

Mais reprenons nos citations confirmant que les scissionnaires ont réellement été poussés par la coterie et directement encouragés par les Robert-Macaire et les Calinos qui en constituent l'état-major :

Dans sa circulaire du 12 septembre 1878, M. Audiffrent s'exprime ainsi :

" Il y a plus d'un an, je fus invité, par la plupart
" des positivistes et *principalement par ceux qui au-*
" *jourd'hui sont les plus chauds souteneurs de M. Laf-*
" *fitte*, à rédiger en leur nom une adresse, où il eût
" été rappelé au véritable esprit du positivisme. Je
" déclinai ce pénible honneur, en faisant observer
" qu'un pareil procédé impliquait un jugement, dont
" je devais seul accepter la responsabilité et que ce
" jugement, convenablement motivé, devait entraîner
" le discrédit de celui qu'on voulait seulement ra-

« mener à la voie qu'il avait abandonnée. Je pré-
« férai écrire directement et en mon nom à M. Laf-
« fitte, ce que je fis. M. le docteur Robinet n'a eu que
« des éloges pour la *modération* et *l'esprit de conve-*
« *nance* de ma lettre, bien qu'il ne la trouvât pas
« assez explicite. Il ne me convenait pas qu'il en fût
« autrement par égard pour M. Laffitte.

Pouvez-vous maintenant nier que les dissidents aient été poussés, pouvez-vous douter que l'on ait profité de leur éloignement de la capitale pour les induire en erreur et leur faire croire que M. Laffitte s'écartait du *véritable esprit du positivisme* ?

Ecoutez encore ce passage de la même circulaire :
« En m'invitant, au commencement de la crise,
« à rappeler M. Laffitte à la voie d'où il s'éloignait
« de plus en plus, *l'un de ses partisans actuels* s'affli-
« geait de voir tant d'intelligences détournées de
« leur vraie destination, pour s'étioler dans une
« tentative qui n'avait aucune raison d'être. M. le
« docteur Dubuisson, est-il plus rassuré aujourd'hui ? „

Terminons par cette citation qui n'est pas la moins caractéristique : « J'oserai, dit M. Audiffrent, deman-
« der à ceux qui, pour éviter, disent-ils, une scission,
« se sont rapprochés de M. Laffitte, après avoir le
« plus contribué à le discréditer par leurs propos et
« leurs écrits (1), s'ils voient en lui le successeur
« possible d'Auguste Comte ? „

La vérité, voyez-vous, Finance, c'est que toutes les manœuvres de ces partisans de l'alliance de la science et du cléricalisme, tous les agissements de ces fanatiques qui veulent subordonner l'intelligence à la foi, avaient pour but de remplacer le philosophe Laffitte par le religiosâtre Robinet, et par suite de substituer à l'enseignement de la philosophie et de la science sociale que propage le premier, les mome-

---

(1) Les écrits dont parle M. Audiffrent sont les lettres adressées par les meneurs aux dissidents.

ries et les grimaces cultuelles que cherche à introduire le second.

Il ne faut pas oublier que, quoiqu'ils se disent l'un et l'autre disciples d'Auguste Comte, les tendances de ces deux hommes sont diamétralement opposées; pour s'en convaincre, il suffit de comparer les citations suivantes :

A la page 62, de son principal ouvrage, le docteur Robinet a écrit : " Le procédé usuel, le " mode d'exercice habituel de la vie subjective qui " constitue l'essence même du culte positif, comme " de tout culte réel, c'est la prière. „

A la page 65, il dit : " La prière est le mode essentiel par lequel s'effectue ce culte quotidien. La " prière positiviste, toujours pratiquée dans l'attitude normale de la vénération, doit être renouvelée trois fois le jour. „

Trois fois par jour, soit! nous voilà renseignés; mais la nuit, faudra-t-il exécuter la même pantomime ? Le docteur Robinet a oublié de nous le dire ; il a omis de même de nous renseigner sur ce qu'il entend par *l'attitude normale de la vénération.* Serons-nous obligés, lorsqu'il sera grand-prêtre et revêtu de son costume pontifical, de faire toutes ces singeries à genoux, ou faudra-t-il s'étaler à plat-ventre ? Puis, encore une fois, sera-t-on obligé de grimacer pendant la nuit ?

Voyons maintenant l'opinion de M. Laffitte sur ce sujet : " Pour nous, dit-il, la morale n'est pas seulement humaine, elle est principalement civique et " doit se traduire par des actes et non par une stérile " récitation de formules liturgiques. „ " Les pratiques " qui constituent la dévotion — dit-il encore — aboutissent à de vagues et inactives contemplations et " conduisent les meilleures natures au plus dangereux mysticisme. „

La différence est grande, comme vous le voyez, entre les dispositions du Lorrain Robinet et celles du Gascon Laffitte. Mais revenons à notre sujet.

Vous m'avez aussi parlé dans votre lettre de

" l'union nécessaire dont vous étiez résolu à ne plus
" vous départir, „ union qui, toujours d'après vous,
aurait été compromise par " quelques mois de trou-
" bles, dont vous êtes heureusement sortis. „

Qu'est-ce donc, s'il vous plaît, que cette union nécessaire, et que sont ces quelques mois de troubles? Ne
m'avez-vous pas dit ailleurs que ces intrigues intestines dataient de vingt ans ? D'autre part, vous n'en
êtes pas si " heureusement sortis „ que vous prétendez le faire croire, puisque la division existe,
plus profonde que jamais, puisque les attaques des
dissidents contre M. Laffitte s'accentuent, au contraire, puisque les scissionnaires sont en majorité en
Angleterre, et qu'en France, un grand nombre de
Positivistes, ne voulant ni suivre les dissidents ni
s'inféoder aux puissances occultes qui les ont lancés
en avant, se sont mis à l'écart. L'observation nous
révèle, quoi que vous en disiez, la désunion la plus
complète : c'est l'éparpillement, c'est la dissolution !
Il n'y a plus de compact que la coterie. Est-ce donc
avec elle que vous jugez l'union nécessaire ? Est-ce
votre enrôlement récent qui vous aveugle et vous
voile des faits que tout le monde aperçoit ?

Je commence à en avoir peur, mon cher Finance,
peur pour vous, peur aussi pour le prolétariat, que
vous délaissez, alors que vous pourriez lui rendre
tant de services !

Ah ! on s'est pris habilement pour vous englober
dans la *camarilla*, et le piége était savamment tendu.
N'est-ce pas à l'occasion du Congrès socialiste ?

Tenez ! permettez-moi de reconstruire pièce par
pièce l'histoire de cette machination ténébreuse,
où vous êtes en train de donner tête baissée.

Le 6 septembre 1878, c'est-à-dire le lendemain de
votre arrestation, votre frère m'apprit qu'il avait été
prévenu que M. Robinet s'occupait de vous, et que, par
conséquent, point n'était besoin de s'inquiéter ni de se
déranger. Je pressentis le traquenard, et je l'engageai
vivement, au contraire, à se mettre personnellement

en campagne, et le plus tôt possible. Il accepta mes conseils, tant et si bien que, le jour suivant, 7 septembre, je l'accompagnais à la préfecture de police. Là nous rencontrâmes Boudeau, l'homme de paille de Dubuisson : on l'avait envoyé là, paraît-il, pour vous faire tenir quelque argent..... Premier fait assez louche ! Comment donc se pouvait-il faire que MM. Robinet et Dubuisson s'intéressassent tant à vous ? Vous n'étiez pourtant pas délégué par les bourgeois positivistes, puisque c'était de la corporation des peintres que vous aviez reçu mandat... Qui plus est, ces deux folliculaires devaient plutôt vous garder rancune, car vous veniez de les rappeler vertement au respect des principes affichés dans leurs *papiers* : le beau-père, pour avoir, à propos du fameux mémoire que vous savez, menti à ses engagements et trahi la parole donnée; le gendre, pour avoir proposé de me faire à nouveau arrêter et interner à Sainte-Anne. Comment ces gens, dont je connais la haine, — une haine sacerdotale ! — pouvaient-ils, sans des motifs spéciaux, porter tant d'intérêt à un travailleur qui les avait admonestés ?

Et elle était vraiment touchante la sollicitude dont on vous entourait ! Le dimanche 8, en effet, le même Boudeau avertit les délégués — qui s'occupaient de tous les prisonniers sans exception — que les Positivistes se chargeaient de vous en tous points, à telles enseignes que votre défense était déjà faite ! Et on se démenait, il fallait voir ! Les salons de M. Lepère et du préfet de police ne désemplissaient pas !

Je ne vous dissimulerai pas que cette tactique bourgeoisifiante produisit un très-mauvais effet sur le prolétariat. " Ce n'est pas une raison, disait-on, si
" Finance a des relations avec des bourgeois, pour
" que ceux-ci le traitent comme leur chose, comme
" leur propriété, sans tenir compte des citoyens qui
" l'ont délégué ni de son frère, dont ils usurpent la
" place et la mission. „ Chacun craignait que ces démarches n'eussent pour but de séparer votre cause

de celle de vos co-détenus et de briser la solidarité en isolant, en compromettant même celui que les délégués au congrès international avaient choisi pour l'organiser.

Voici, au surplus, une lettre adressée à M. Laffitte par l'un de nos excellents amis, membre de la chambre syndicale des peintres en bâtiment, et dont la lecture vous renseignera mieux que je ne le pourrais faire sur la mauvaise impression produite par les intrigues que je viens de dénoncer et de flétrir.

Paris, le 28 Gutenberg 90 (9 septembre 1878).

Cher monsieur Laffitte,

Je vous ai dit hier que je n'approuvais pas, dans une certaine mesure, les démarches faites par les Positivistes en faveur de mon ami Finance.

Je crois que l'on a eu tort de solliciter de nos gouvernants quoi que ce soit qui pût ressembler à une grâce.

Je suis persuadé que cela ne peut que nuire à notre ami, sans aucun profit pour le Positivisme.

Si l'on veut propager le Positivisme dans le prolétariat, il ne faut rien faire qui puisse diminuer l'influence de Finance.

Son autorité, sa popularité résultent de ses qualités propres, et non de ses relations avec les Positivistes : voilà ce qu'il ne faut pas oublier.

C'est par sa valeur personnelle qu'il s'impose, bien plus que par les doctrines qu'il professe.

Les ouvriers n'accordent pas leur confiance, leur estime et leur considération à Finance parce qu'il est Positiviste, mais malgré qu'il soit Positiviste. J'en connais même qui ont beaucoup de sympathie pour lui, et considèrent ses attaches positivistes comme un défaut. C'est pour eux une imperfection qu'il rachète par ses qualités.

L'intérêt du Positivisme exige que nous conservions et que nous augmentions l'influence que Finance exerce sur le prolétariat. Pour cela, il faut renoncer à solliciter pour lui l'indulgence des autorités ; c'est pourquoi je désire que vous abandonniez cette tactique, qui ne peut que nous nuire. En effet, qu'arriverait-il si Finance, étant accusé des mêmes faits que ses co-prévenus, était acquitté et les autres condamnés ? Je n'ai pas besoin de vous dire le tort que cela lui ferait : vous le devinez.

Je trouve aussi que les Positivistes ont eu tort de dire qu'ils se chargeaient de Finance.

Il ne faut pas oublier qu'il n'est pas délégué par les Positivistes, et qu'il s'est rendu solidaire avec les autres délégués qui lui ont confié le principal rôle.

Ceci a déjà soulevé des discussions.

Et ses contradicteurs ne manqueraient pas d'exploiter ce fait auprès des travailleurs. Vous savez que les ouvriers ne connaissent pas bien le Positivisme ; ils croient que c'est une coterie de bourgeois qui ne s'intéressent pas aux ouvriers, puisqu'ils conservent les patrons. Certains ne distinguent même pas les Positivistes des Jésuites, puisque, disent-ils, c'est encore une religion. Enfin, pour la grande masse, c'est de la bourgeoisie, et vous savez si la bourgeoisie a su inspirer de la haine dans la classe ouvrière. Il ne faudrait donc pas que Finance passât pour être le protégé de cette classe, car on ne tarderait pas à dire qu'il en est l'instrument, etc., etc....

Je connais Finance depuis 1868. J'ai travaillé plusieurs années avec lui, et je suis certain que, s'il était là, il tiendrait le même langage que moi. Ma qualité d'ami intime de Finance m'oblige à vous faire les observations qui précèdent. Je croirais avoir manqué à mon devoir si je ne le faisais pas. J'ajoute même que l'intimité de nos relations m'autorise plus que *d'autres amis* à parler en son nom.

Je mets sous vos yeux les passages d'une lettre qu'il m'adressait de Saint-Claude (Jura), le 5 juillet 1871 :

« S'il y a quelque chose qui puisse t'aider, non pas
« à faire oublier, mais à supporter ta douleur pa-
« tiemment, ce sont les souvenirs de mon amitié, qui
« se continuera, je l'espère, encore longtemps, car
« elle est fondée, non pas sur un motif banal, comme
« se font beaucoup de liaisons, mais sur une confor-
« mité d'opinions, de pensée et de caractère. J'avais
« déjà bien souvent regretté d'avoir quitté Paris
« l'année dernière, mais jamais mes regrets n'ont été
« aussi vifs que lorsque j'ai reçu ta lettre. »)

Je crois devoir vous dire en terminant que plusieurs membres de notre Chambre syndicale partagent complétement mon opinion sur ce point...

J'ai vu aussi quelques ouvriers des autres professions et j'ai pu constater le même phénomène.

J'ajoute que le frère de Finance est complétement de mon avis.

Recevez, monsieur Laffitte, l'expression de mes sincères sentiments.

Votre dévoué coreligionnaire,

J. CHAMBREY.

Considérez, mon cher Finance, que le signataire de cette lettre est Positiviste et qu'il s'adresse au chef de l'école, avec lequel les convenances ordonnaient de garder certains ménagements.. Partez de là pour mesurer la profondeur du mécontentement que l'immixtion de bourgeois imprudents dans cette affaire avait soulevé dans la classe ouvrière !

Je dois vous rappeler encore qu'au surplus, à votre sortie de Mazas, vous avez vous-même blâmé toutes ces démarches, faites à votre insu ; approuvé la lettre de Chambrey et déclaré que seuls vous avaient véritablement rendu service les signataires des protestations contre les assertions mensongères des policiers qui, après vous avoir brutalisé, prétendaient avoir subi des voies de fait de votre part !

Tout faisait alors espérer que le plan de défense

élaboré dans le secret du sanctuaire serait refusé par l'intéressé — autrement, que vous voudriez vous défendre vous-même : ce qui n'aurait pas été agréable pour vos accusateurs. — Malheureusement, vous êtes allé vous-même en pèlerinage à ce même sanctuaire. Là, on vous a mis en relations avec l'avocat désigné par la coterie. Vous n'avez pas eu la force de résister aux sollicitations intéressées de ceux qui ne pouvaient que vous déconsidérer !

Si vous vous étiez défendu vous-même, ou si vous aviez pris un avocat s'inspirant de la cause et non des instructions de la rue Saint-Placide, certains faits ignorés auraient pu être portés à la connaissance du public. Vous m'entendez bien ! Il fallait lire tout d'abord les procès-verbaux des commissaires Clément et Foucqueteau et de l'agent Pépin. Copie avait été prise de tous ces procès-verbaux : pourquoi ne s'en est-on pas servi ? Si quelque chose pouvait encore m'étonner de la part d'une *camarilla* comme celle qui vous exploite, ç'aurait bien été cet oubli... Ils étaient pourtant bien typiques, ces procès-verbaux, qui racontaient — plus affirmativement encore que les récits des journaux — comme quoi vous auriez sauté à la gorge de Foucqueteau, comme quoi vous l'auriez battu et houspillé d'importance, alors que c'était vous, au contraire, qui aviez été à demi-assommé... Il y avait là, ce me semble, matière à plaidoiries... Vous auriez pu encore utiliser ce petit détail, qui a bien son importance et sa signification. Quand Clément et Foucqueteau, qui sont, tous les deux, suffisamment musclés, eurent achevé leur déposition, l'huissier eut beau crier au Tribunal : « Il y a un troisième témoin ! » Le président passa outre. N'était-ce pas parce qu'il sentait combien ridicule était le conte débité par deux gaillards de cette encolure, qui soutenaient avoir été attaqués par un gringolet comme vous. Si vous aviez exigé la déposition de Pépin, troisième athlète, si vous aviez relevé les contradictions entre leurs procès-verbaux, qu'ils n'osèrent pas représenter, et leur déposition, et entre leur déposition et la réalité, par la production de témoins à décharge — je pourrais dire simplement de témoins, car les agents qui vous ont chargés étaient plutôt acteurs — ne croyez-vous pas que cela eût donné aux débats une tout autre tournure ?

Etait-ce donc la consigne reçue et acceptée par vous de ne pas tirer parti de tous ces avantages ?

De tous les socialistes arbitrairement arrêtés dans la soirée du 5 septembre, seul, vous avez été maltraité, seul, dans tous les cas enfermé, au Dépôt, au quartier des hommes dangereux. Et seul également au procès, vous n'avez pas protesté ! Etait-ce encore la consigne ?

Quelle belle occasion, mon cher Finance, vous avez perdue là ! Comment ! M. Ansart, cet ex-chef de la police, ne vous avait-il pas jadis offert à vous-même d'entrer dans la police secrète ? Ne vous avait-il pas fait voir des rapports envoyés par des ouvriers appartenant à telle ou telle Chambre syndicale, ajoutant que vous n'aviez pas à craindre d'être reconnu, puisque l'usage était de prendre un signe conventionnel ? C'est sans doute pour se venger de votre refus que ces agents, aussi bonapartistes que leur chef, vous avaient si furieusement « *passé au tabac !* » Et vous ne dénoncez pas publiquement ces turpitudes ! Vous ne clouez pas au pilori de l'opinion ce policier haineux qui, n'ayant pu vous corrompre, vous faisait brutaliser par ses sbires ! Finance, il y a là plus qu'une faiblesse individuelle : Vous avez manqué à votre devoir envers la société intéressée à voir clair dans cette caverne... Est-ce que votre conscience ne vous reproche rien ? Je ne veux pas le croire... Ce n'est pas vous qui avez commis cette faute : on vous l'a fait commettre.

La consigne était, paraît-il, de laisser encore quelque temps le prolétariat dans l'ignorance néfaste des infamies que la *Lanterne* vient si opportunément de dénoncer au pays !

Cette consigne s'est imposée à vous comme à votre avocat, qui, du reste, devait être au courant de l'affaire ! Personne n'en souffla mot. Cependant, comme ce beau rhéteur n'était pas venu de Valenciennes pour ne rien dire, au lieu de défendre son client, il donna un coup de main à « l'avocat bêcheur » pour charger vos co-accusés... Ce ne fut pas à la police qu'il s'en prit mais au collectivisme qui n'en pouvait mais ! Ce n'était pourtant pas pour avoir sapé les fondements de la propriété, mais bien pour avoir frappé des magistrats (?) dans l'exercice (??) de leurs fonctions (???) que vous étiez traduit en police correctionnelle... Il est permis de ne pas partager les doctrines des collectivistes, mais il ne peut être permis, quand on se trouve englobé dans une même poursuite avec eux, de les prendre pour tête de Turc. Ce n'est pas devant l'ennemi commun que doivent s'engager les polémiques entre les soldats d'une même cause, surtout avec une semblable acrimonie ! En manquant ainsi aux convenances les plus élémentaires, Mᵉ Foucart a montré à l'opinion publique qu'il était plus près de la police impériale que du socialisme militant. Et vous-même, mon cher Finance, en ne l'arrêtant pas, en ne protestant pas contre cette inqualifiable algarade, vous vous êtes, pour ainsi dire, fait son complice !

S'il y a, en effet, parmi les socialistes, divergence sur les moyens, il y a au moins unité d'aspirations. Vous auriez dû vous en souvenir et empêcher un bourgeoisillon vaniteux et étroit de faire de vos discours un usage aussi scandaleux ! Il était de votre devoir d'affirmer hautement la solidarité de tous les prévenus en face de l'arbitraire gouvernemental. C'est avec la bourgeoisie, au contraire, que vous avez fait ainsi solennellement, publiquement, par l'intermédiaire de cet avocassier de malheur, acte de solidarité ! Le prolétariat attendait autre chose de vous... Comme vous, en effet, le prolétariat croit à la *nécessité de l'union*, mais non pas de l'union avec ses ennemis éternels !

On va loin dans cette voie, mon pauvre ami, et ces funestes alliances, inaugurées sous les auspices qui ressemblent à une désertion, ont de bien lamentables conséquences. Vous n'avez pas voulu dire ce que vous saviez de la police, dont les brutalités vous avaient empêché de dire au Congrès ce que vous pensiez de l'aristocratie d'argent; vous avez abandonné les socialistes pour passer dans le camp bourgeois... Où en êtes-vous aujourd'hui? On vous trouve remâchant le langage tortueux de la coterie de la jésuitière de la rue Saint-Placide : les procédés eux-mêmes vous gagnent, et, comme Robinet, qui ne peut retrouver les certificats qu'il y a chez lui, vous ne pouvez plus, à votre tour, retrouver les " papiers „ que M. Congrève vous a fait parvenir ! Ah ! nous ne sommes plus au temps où vous étiez le trouble-fête et la bête noire de cette camarilla que vous servez aujourd'hui. Vous êtes inféodé ! Vous avez réalisé vous-même le désir qu'avait la bourgeoisie d'enlever au prolétariat l'un de ses champions les plus intelligents !

Avez-vous donc oublié qu'Auguste Comte lui-même considérait la bourgeoisie comme un obstacle à la régénération sociale et qu'il indiquait le prolétariat comme étant par situation et par disposition seul susceptible d'accepter le positivisme ?

Ecoutez ce qu'il écrivait à ce sujet en 1848 :

" D'après la nature philosophique et la destination
" sociale du positivisme, il doit chercher son appui
" fondamental en dehors de toutes les classes, spiri-
" tuelles ou temporelles, qui jusqu'ici ont plus ou
" moins participé au gouvernement de l'humanité.—
" Chacune d'elles présente naturellement, dans ses pré-
" jugés et dans ses passions, divers obstacles essentiels
" à la réorganisation intellectuelle et morale qui doit
" caractériser la seconde partie de la grande révolution

« occidentale. Leur vicieuse éducation et leurs habi-
« tudes empiriques repoussent l'esprit d'ensemble au-
« quel il faut désormais subordonner toutes les con-
« ceptions spéciales. Un actif égoïsme aristocratique y
« entrave ordinairement la prépondérance réelle du
« sentiment social, principe suprême de notre régéné-
« ration. Non-seulement il ne faut pas compter sur les
« classes dont la domination fut à jamais détruite au
« début de la crise révolutionnaire, mais nous devons
« attendre une répugnance presque aussi réelle, *quoi-
« que mieux dissimulée*, chez celles qui obtinrent ainsi
« l'ascendant social qu'elles convoitaient depuis long-
« temps. Leurs conceptions politiques se rapportent
« surtout à la possession du pouvoir, au lieu de con-
« cerner sa destination et son exercice. Elles avaient
« sérieusement regardé la révolution comme terminée
« par le régime parlementaire propre à la halte qui
« vient de finir. Cette phase stationnaire leur inspirera
« de longs regrets, en tant que spécialement favorable
« à leur active ambition. Une complète régénération
« sociale est presque autant redoutée par ces diverses
« classes moyennes, que chez les anciennes classes su-
« périeures. Les unes et les autres s'accorderaient
« surtout à prolonger, autant que possible, sous de
« nouvelles formes, *même républicaines*, le système
« d'hypocrisie théologique. — Au dix-huitième siècle
« la plupart des grands, et même les rois, purent ac-
« cueillir une philosophie purement négative, qui, en
« leur ôtant beaucoup d'entraves, leur procurait une
« célébrité facile, sans leur imposer aucun sacrifice
« essentiel. Mais ce précédent ne doit pas faire es-
« pérer, chez nos riches et nos lettrés, un accueil
« aussi favorable pour la philosophie positive, qui
« vient aujourd'hui discipliner les intelligences afin
« de reconstruire les mœurs.
« A ce double titre le positivisme ne peut obtenir
« de profondes adhésions collectives qu'au sein des
« classes qui, étrangères à toute vicieuse instruction
« de mots ou d'entités, et naturellement animées

" d'une active sociabilité, constituent désormais les
" meilleurs appuis du bon sens et de la morale. En
" un mot, nos prolétaires sont seuls susceptibles de
" devenir les auxiliaires décisifs des nouveaux philo-
" sophes. „

(Discours sur l'ensemble du positivisme, 2ᵉ édition, pages 128 et 129.)

Méditez bien ces dernières lignes, mon cher Finance, et vous comprendrez sans peine les motifs qui ont déterminé certains bourgeois à prendre le masque positiviste pour constituer cet essaim de courtisans qui entoure M. Laffitte et dont la principale occupation consiste à empêcher toute relation directe entre le successeur d'Auguste Comte et les prolétaires qui ne sont pas inféodés à la coterie.

Méditez aussi ce passage d'une lettre que m'adressait, le 30 mars 1877, un bourgeois par situation qui, comme vous pouvez en juger, est loin de partager vos illusions relativement aux dispositions de ses congénères. " Ce qu'il y a de plus triste, m'écrivait-
" il, et ce qui me faisait déclarer à Auguste Comte,
" il y a 25 ans, que *sans l'élimination de la bourgeoisie,*
" *il n'y avait même pas à songer à l'incorporation so-*
" *ciale du prolétariat*, c'est que notre bourgeoisie fran-
" çaise, à peu près tout entière, depuis juin 1848, a
" honteusement reconnu le jésuitisme pour chef de
" la ligue pour le maintien de son privilége d'oisiveté
" et de jouissances! „

S'il en est temps encore, laissez-moi vous donner un conseil!

Remarquez bien que si je me permets de vous parler ainsi, ce n'est pas seulement à titre d'ami personnel. Mais, comme c'est moi, en définitive, qui vous ai amené rue Monsieur-le-Prince, je ne voudrais pas supporter la responsabilité de votre naufrage. Rappelez-vous que, pour vous introduire aux réunions positivistes, je n'ai averti que M. Laffitte,

Là, vous deviez me seconder et combattre avec moi la triple tendance théologique, pornocratique et ploutocratique de la bourgeoisie qui, ne pouvant s'élever jusqu'à la vraie philosophie positiviste, cherche à la rabaisser à son niveau... Est-ce donc ainsi que vous tenez vos promesses ?

Je sais bien que vous pouvez me répondre que vous n'avez trempé dans aucune intrigue. Soit! mais vous avez été au moins agent passif et votre inaction a été exploitée comme un acquiescement tacite. On est aussi coupable, sachez-le, en ne faisant pas ce qu'on doit faire qu'en faisant ce qu'on ne doit pas faire!

Il vous fallait combattre, et combattre énergiquement les dispositions et les actes de ces bipèdes au cerveau vide, au cœur étroit et à la panse pleine qui s'appellent les bourgeois positivistes, dont un dissident a pu dire avec raison que :

« Calfeutrés dans leurs petites réunions de la rue
« Monsieur-le-Prince, qui pour eux résume le monde,
« entourés des gens honnêtes, mais passifs, qui les
« écoutent bouche béante, ils en sont arrivés tout
« doucement à cette infatuation transcendantale
« d'eux-mêmes qui constitue l'état divin et se sont
« créé un positivisme spécial d'où ils ont exclu tout
« ce qui leur était désagréable. »

Quant au conseil que j'ai à vous donner, voici en quoi il consiste :

Débarrassez-vous une bonne fois pour toutes des entraves que vous-même vous vous êtes créées. N'écoutez plus que les inspirations spontanées de votre intelligence et de votre cœur, inspirations que des suggestions systématiques vous ont empêché de réaliser jusqu'ici. N'aviez-vous pas résolu de publier l'entretien que vous avez eu avec le policier qui vous fit jadis des propositions honteuses ? N'aviez-vous pas même préparé déjà un travail sur ce sujet ?... Mais les personnes auxquelles vous l'aviez communiqué vous dissuadèrent de mettre votre projet à exécution. Eh bien ! si quelques bourgeois peuvent avoir des motifs mystérieux pour jeter un voile sur toutes ces basses-œuvres policières, il est impossible que vous, prolétaire, vous vous prêtiez à ce recel. Vous n'y pouvez avoir aucun intérêt. C'est même votre devoir de réparer la faiblesse à laquelle vous vous êtes laissé entraîner devant le Tribunal. Fermez l'oreille aux bruissements de ces gens qui vous disent que vous avez autre chose de mieux à faire que dresser le dossier « des paroles inconsidérées des « uns et des désirs irréfléchis des autres. » Vous ne devez plus vous laisser guider que par l'intérêt du prolétariat : tant pis pour ceux dont les intérêts sont contraires !

Et puisqu'on n'est pas d'accord sur les auteurs de la crise intérieure du Positivisme, un autre devoir plus restreint, plus spécial, vous incombe également. Proposez hardiment la solution de cette question. N'imitez pas les dissidents, n'abandonnez pas votre poste ! N'imitez pas davantage ceux qui, bouche béante, avalent toutes les couleuvres pontificales. Tenez ferme, jusqu'à ce que les jésuites aient été démasqués, ou jusqu'à ce qu'il vous aient exclu comme je l'ai été.

C'est à vous qu'il appartient de sommer les directeurs de la *Revue* de se prononcer sur la scission. Nous saurons ainsi quelles gens refuseront de livrer leur conduite à l'opinion publique. Nous saurons en même temps qui est le jésuite de l'affaire... Et si l'on répond que la *Revue* n'est pas faite pour publier « le dossier des paroles inconsidérées des uns et des désirs irréfléchis des autres » (voir le cliché ci-dessus), nous aurons alors le droit de considérer ledit journal comme une œuvre de spéculation pure, car, dans l'intérêt de la doctrine, c'est la première chose à traiter, à expliquer, à apprécier. La propagande — nous le savons tous — n'est pas possible sans cela.

Certains faits, en effet, ont percé dans la masse, qui ne comprend pas que les Positivistes puissent tolérer des jésuites ni leur reconnaître une autorité ou une considération quelconque. On en arrive ainsi à conclure que tous les Positivistes sont des disciples de Loyola depuis Laffitte jusqu'à Finance... Et comment soutenir que M. Laffitte n'est pas au courant de ce qui se passe ? Ne nous répondrait-on pas, fort à propos, au surplus, que Finance est à même et dans l'obligation de le prévenir, qu'il ne doit y avoir de mystère chez des hommes qui ont pour devise et pour mot d'ordre : « Vivre au grand jour ? » Je sais bien que les satisfaits, dont les aspirations ne dépassent pas l'estomac, allégueront qu'ils n'ont as à tenir compte de l'opinion. L'avis de leurs adulateurs leur suffit. Mais telle ne peut être la conclusion d'un ouvrier comme vous! Vos actes antérieurs semblent attester que vous avez la conviction que le Positivisme contient la solution du problème social, au moins que sa vulgarisation pourra l'avancer beaucoup. Soyez donc conséquent avec vous-même : n'hésitez pas à combattre les obstacles qui paralysent le développement de cette doctrine!

Souvenez-vous des hécatombes sanglantes de Juin 1848, de Mai 1871 ! Quand on se croit en possession du moyen d'éviter aux générations futures de semblables catastrophes, il n'est pas permis de garder le moindre ménagement à l'égard de ceux qui veulent tenir la lumière sous le boisseau... Sont-ils seulement Positivistes, dans la bonne acception du mot, les gens que je dénonce à votre mépris ? Ne sont-ils pas aussi pernicieux que leurs rivaux ensoutanés ?... Mais, s'ils étaient au pouvoir, ils rétabliraient l'Inquisition, brûlant les hérétiques, non plus au nom de Dieu, mais au nom prostitué de la science! Vous avez pu les juger à leur valeur le 6 juin 1877 ! Vous avez pu apprécier le peu de cas qu'ils font de la liberté d'un homme, quand cet homme, s'étant refusé de leur servir d'instrument, ne veut pas davantage se condamner au silence !

Négligeant la partie scientifique, la seule partie véritablement utile des ouvrages d'Auguste Comte, ces prétendus orthodoxes n'en ont pris que le côté mystique. D'où leur fanatisme et leur intolérance, qui leur ont valu de la part de M. Stuart Mill, l'un des premiers disciples du Maître, cette apostrophe bien méritée :

« C'est le système le plus complet de despotisme
« temporel et spirituel qui soit jamais sorti d'un cer-
« veau humain, sauf peut-être celui d'Ignace de
« Loyola, un système, dans lequel le joug de l'opi-
« nion générale, manié par un corps organisé de
« professeurs et de maîtres spirituels, pèserait sur
« toutes les actions, et, autant qu'il est possible, sur
« toutes les pensées de chaque membre de la com
« munauté. »

C'est bien là ce qu'ils veulent ! Le but qu'ils se proposent, c'est d'étendre à la société tout entière la discipline de leur petite « chapelle, » où l'on parle de supprimer un homme, comme s'il s'agissait d'un insecte, où l'influence privilégiée des docteurs en médecine sur les maisons d'aliénés menace de devenir un instrument de gouvernement aussi redoutable que les lettres de cachet et les *in-pace* de l'ancien régime !

Il faut, mon cher Finance, que vous vous prononciez catégoriquement et au plus tôt. Ceux qui ne sont pas contre la tyrannie sont avec elle ! Que votre attitude digne et courageuse provoque votre excommunication : c'est tout ce qui peut vous arriver de plus heureux. Ce sera un fait nouveau à joindre au dossier de la métaphysique, et une recrue nouvelle viendra grossir la phalange d'hommes dévoués et sincères, qui, sans arrière-pensée, travaillent de toutes leurs forces à la substitution de la science à la foi, de la justice à l'iniquité.

Choisissez, mon cher Finance, mais, de grâce,

choisissez vite. Vous n'avez plus qu'une planche de salut. Hâtez-vous, sans hésiter, d'y accrocher votre avenir, car bientôt vous pourriez entendre retentir à vos oreilles épouvantées le glas sinistre des réputations perdues : *Il est trop tard !*
Je vous serre fraternellement la main.

GABRIEL MOLLIN,
28, rue de Lourcine.

Les renseignements contenus dans les lettres qui précèdent établissent péremptoirement que la crise positiviste a été provoquée et sourdement attisée par vous, monsieur le docteur. Il est manifeste que votre intention était de prendre la place de M. Laffitte à la faveur des dissensions intestines dont vous étiez le brandon !

Vous n'avez pas réussi, mais vous êtes parvenu à créer une scission au sein du Positivisme, car c'est à vous, c'est à toutes ces manœuvres occultes que doit être attribué le schisme du docteur Richard Congrève.

Vous avez, il est vrai, manœuvré avec assez d'habileté pour détourner les soupçons de M. Laffitte; vous avez agi avec assez d'adresse pour que celui que vous trahissiez persiste encore à vous croire son principal soutien, son défenseur le plus désintéressé, et à considérer le crédule Sémerie comme le Judas du Positivisme.

Comment, en effet, aurait-il pu se douter un seul instant que l'intrigue eût pour centre la rue Saint-Placide? comment aurait-il pu supposer que toutes ces menées visaient à produire la vacance de la direction au profit du votre ambitieuse personnalité, quand vous-même, monsieur Robinet, vous aviez publié dans les journaux les lignes suivantes :

Le Positivisme classe ses adeptes en théoriciens et praticiens; j'appartiens le plus modestement du monde aux derniers. Je ne tiens donc en quoi que ce soit, si ce n'est par le respect et la confiance qu'il m'inspire, au groupe philosophique, n'ayant par imperfection naturelle ni la force et la culture mentales, ni l'élévation morale et l'austérité qu'exige le sacerdoce... M. Pierre Laffitte, ajoutiez-vous, est le directeur du Positivisme, l'initiateur, le conseiller reconnu et aimé de l'école philosophique du parti politique et de la secte religieuse qui confessent les doctrines de Comte et en poursuivent la réalisation. (Journal *les Droits de l'Homme*, n° 110.)

Quand on pense que l'auteur de ces lignes est le même individu qui, à l'époque où elles furent publiées, excitait sournoisement *le plus vieil ami* de M. Laffitte à rédiger une adresse qui, de l'aveu même du docteur Audiffrent, devait entraîner le discrédit du successeur d'Auguste Comte.

Quand on songe que celui qui publiait ces phrases élogieuses à l'adresse du directeur du Positivisme faisait, en sous-œuvre, attaquer M. Laffitte et se plaignait que les attaques n'étaient *pas assez explicites*.

Quand on réfléchit enfin à toutes les manœuvres qu'exécuta cet homme à double visage, on est forcé de reconnaître que Tartufe et Rodin ont trouvé leur maître.

Mais vous aurez beau faire, messieurs les sacristains, toutes vos intrigues ne réussiront pas à entraver la marche en avant du Positivisme. Vous l'entravez, vous le corrompez, vous le déshonorez ici : là il se développe et s'épure. C'est que, voyez-vous ! il est aussi impossible de faire rétrograder l'esprit humain que de faire rebrousser chemin aux eaux d'un fleuve…

Assurément, il est dans l'œuvre d'Auguste Comte bien des points contestables ; assurément ses conclusions et sa pratique politico-sociale présentent souvent de singulières contradictions avec ses premiers principes et sa méthode elle-même ; assurément il faut faire la part — et la part sévère — des tendances à la religiosité maladive et inquiète qui gâtent la doctrine, mais il n'en est pas moins certain que si nous nous en tenons à la partie purement scientifique et philosophique, si nous ne considérons que la partie dont la réalité et l'utilité sont scientifiquement démontrables, la vérité est là. Il faut reprendre sa tradition au moment où lui-même, sous l'empire d'influences malsaines, l'a perdue. La révolution, le progrès sont en germe dans ses théories fondamentales, sur lesquelles s'accordent, au surplus, tous ceux qui travaillent et qui pensent, et que seuls peuvent repousser systématiquement les jouisseurs dont l'estomac prime le cerveau.

Voici, suivant moi, les points principaux du Positivisme scientifique, qui devront servir de point de départ et de fondement sérieux à l'émancipation de l'humanité :

1° Obligation morale pour tous de remplir une fonction utile. Abolition du parasitisme et de l'oisiveté exploiteuse et privilégiée ;

2° Substitution de l'enseignement scientifique intégral aux fantaisies absolutistes du cléricalisme omnicolore, surtout du jésuitisme de robe courte ;

3° Substitution du régime du travail pacifique au régime militaire : d'où l'abolition des armées permanentes et la restitution au peuple de la force sociale ;

4° Participation de chaque citoyen aux satisfactions qui peuvent résulter de la richesse sociale ;

5° Avénement politique et social du prolétariat; suppression de la bourgeoisie par sa fusion avec les *nouvelles couches;*

6° Alliance des prolétaires et des philosophes. C'est ce que Comte appelait l'*alliance d'une grande force avec une grande pensée.* C'est, en d'autres termes, l'union des travailleurs manuels, avec les transfuges de la bourgeoisie. C'est l'union de ceux qui modifient et transforment la matière avec ceux qui développent et enrichissent les cerveaux.

C'est, en un mot, l'alliance des hommes qui, par *situation,* se trouvent forcés de supporter toutes les charges et les iniquités sociales avec les citoyens qui, bourgeois par *position,* renoncent courageusement aux jouissances faciles de leur classe, pour venir formuler, revendiquer et soutenir avec nous les droits des travailleurs, au risque des plus épouvantables persécutions. C'est la *tête* mise au service du *bras*, pour combattre le *ventre !*

Que les bourgeoisillons du Positivisme mystagogique ne s'effarouchent pas et ne crient pas au scandale, parce que je fais toutes ces réserves sur une doctrine dont leurs ambitions et leurs rancunes se sont si bien trouvées. Je puis invoquer, pour leur fermer la bouche, certaines autorités qui donneront à mon jugement et à mes réserves une singulière puissance. Je ne me contenterai pas, en effet, de leur citer cette boutade de Félix Pyat : « *Il n'y a d'humain que le travail, tête ou bras. Le reste : zoologie...; bêtes de proie ou de joie.* » Je tiens à leur mettre le nez dans la prose même du grand homme dont ils ont si honteusement galvaudé le souvenir. « L'humanité, a dit Auguste Comte, est l'ensemble des êtres convergents. » Et dans la classification qui suit cette définition, classification basée sur le degré d'utilité des différents êtres, il rangeait la bourgeoisie oisive et parasite après les animaux domestiques !

Je me félicite et je me fais honneur d'être sur ce point du même avis que Comte.

Là-dessus, je clos cette rapide profession de foi, qui me sépare irrévocablement des religiosâtres dont vous aspirez, Docteur, à devenir le pontife souverain, infaillible et omnipotent. Cela ne m'empêche pas, *à ma façon*, d'être Positiviste et de le proclamer par-dessus les toits de la rue Saint-Placide !

CONCLUSIONS

Il me reste, à présent, avant de conclure et pour donner plus de fermeté à mes conclusions, à résumer mes griefs. Je n'avance que des faits absolument certains, dont la preuve est soit faite, soit facile à produire sur première réquisition : une fois que, réunis en un seul faisceau, ils pourront être embrassés d'un seul coup d'œil, dans leur série ininterrompue et dans leur enchaînement savamment combiné, je me plais à espérer que la lumière se fera d'elle-même, et qu'elle se fera éblouissante. Tant pis pour les oiseaux de nuit qui n'opèrent que dans l'ombre !

Il est bien entendu que le point de départ de mes mésaventures se place à l'époque de la fugue de ma femme. Or, dans quelles conditions, à quelle instigation s'est produite cette fugue? Pas de tergiversations, pas de faux-fuyants possibles ! C'est *sur votre ordre*, monsieur le docteur, sur votre ordre précis, donné par vous personnellement le 8 novembre 1875, que ma femme a déserté le toit conjugal ! Premier point, d'une importance capitale et qui pourrait être, à lui tout seul, abstraction faite de toutes les autres circonstances, votre condamnation.

Autre détail que je n'ai point encore cité, mais qui ne laisse pas pourtant d'être significatif au même degré. Le lendemain du jour où vous interveniez ainsi d'une façon aussi singulière dans mon ménage, vous aviez — chez vous — une conférence avec un membre de la famille de ma femme. Que s'est-il passé, que s'est-il dit dans cette conférence? Quels projets y ont été ourdis, quelles résolutions arrêtées? C'est ce que je ne saurais dire. Seulement, quand je songe que le père de cet individu a été autrefois enfermé dans une maison d'aliénés, quand je songe, d'autre part, à tout ce qui devait m'arriver par la suite, il se produit dans mon esprit des réflexions et des rapprochements de nature à me rendre perplexe. Je suis intimement persuadé que beaucoup de gens partageront cette impression. La pratique n'est pas inutile à la théorie, n'est-ce pas, monsieur Robinet? et l'on a beau être fixé sur la conception d'une entreprise, les conseils des gens qui ont pour eux l'expérience, pour avoir été mêlés à des entreprises du même genre, n'est jamais à dédaigner. Vous me pardonnerez cette boutade quasi-philosophique....

Ce n'est pas tout, d'ailleurs, et votre intervention se manifeste de plus en plus ouvertement. Le 27 novembre, à la première nouvelle de mon arrestation, vous écriviez sur-le-champ à ma femme et à Fabien Magnin et vous alliez vous-même prier ma concierge de se trouver chez vous le lendemain avec eux, « pour recevoir vos instructions. » C'était vous qui preniez la direction de mes affaires; je vous appartenais, j'étais votre chose, mon sort était entre vos mains....

Il y serait encore, si je n'avais pas eu d'énergie! Car, au milieu de cette toile, où — pauvre chétif insecte — je me débattais péniblement au centre de ces mailles serrées qui m'enchaînaient de tous côtés, c'est vous, toujours vous, l'araignée impitoyable que j'ai invariablement rencontrée! N'est-ce pas vous, par exemple, qui, aussitôt que vous m'avez su envoyé du Dépôt à l'Admission, avez écrit au docteur Magnan, pour réclamer de lui mon internement à Sainte-Anne? Il n'y a pas à le nier, les preuves sont là!

Même après ma libération, votre haine ne

m'a pas épargné. Elle a plutôt redoublé d'acharnement et, pour perdre sa victime, coûte que coûte, elle a imaginé des procédés nouveaux. C'est alors que vous avez eu l'idée de prétendre — mensongèrement, calomnieusement, je ne crains pas de le crier bien haut — avoir reçu de Bourges des lettres particulières donnant sur mon compte les renseignements les plus défavorables! Il fallait me perdre à tout prix...

Je n'en veux rappeler d'autres preuves que les insultes que vous m'avez prodiguées, en mon absence bien entendu, car, avec une duplicité digne d'un disciple de Loyola, vous n'avez jamais, ni vous ni les vôtres, cessé de me faire bon visage, tout en me déchirant par derrière — que les fables ridicules répandues par vos satellites sur mon compte; — que la surveillance inquisitoriale à laquelle votre haine ecclésiastique n'a cessé de me soumettre; — que les précautions minutieuses prises par vous pour m'isoler de mes amis et empêcher la lumière de se faire... Le plus grave, peut-être, c'est votre refus systématique de me communiquer, en violation de votre engagement solennel, le fameux mémoire qui, à vous entendre, devait irrévocablement me confondre! Quand on est aussi sûr de la portée de ses accusations que vous l'annonciez, on ne se dérobe pas à la discussion : on la recherche plutôt.

Votre conduite, en cette affaire, autorisera n'importe qui à faire la très-plausible supposition que vous redoutiez de ma part quelque réquisitoire reconventionnel! Peut-être n'aviez-vous pas tort, mais vos ruses transparentes ne vous auront pas sauvé du péril...

Je me suis résumé. Je vais conclure.

En présence de tous ces faits et de bien d'autres encore qui verront le jour à mon heure, et jusqu'à ce que vous ayez justifié vos agissements devant une commission nommée *ad hoc*; en bonne conscience, en bonne logique, j'ai le droit de vous croire *coupable*; j'ai le droit de croire que le plan de cette tragicomédie a été méchamment ourdi chez vous, par vous et votre monde!

.·.

Je dois à présent, avant de déposer la plume, quelques explications au public qui va nous juger.

Il ne faudrait pas croire que mon but, en

écrivant ce *factum*, ait été de me dresser orgueilleusement un piédestal. Si j'ai pu trouver en moi assez de ressort et d'énergie pour déjouer toutes les embûches dont je viens de tracer à grands traits le récit, pour déjouer cette conspiration qui embrassait à la fois mes amis et mes ennemis, je n'ai point à en tirer vanité.

J'ai eu de la chance, voilà tout.

Oui, j'ai eu de la chance! Comment autrement aurais-je pu me tirer sain et sauf des griffes d'ennemis impitoyables, qui disposaient de ma femme, avec la complicité de ses parents et même de certains membres de ma propre famille; — qui pendant quatre semaines ont été les maîtres souverains de mon domicile et de ma correspondance que ma concierge interceptait pour leur compte?

Il est regrettable d'être obligé de soulever ainsi aux regards de tous le voile de la vie privée et d'étaler *coram populo* ses plaies domestiques... Je le sais, je le sens mieux que personne. Mais à qui la faute? N'est-ce pas à ceux qui, depuis trois ans, refusent systématiquement de me fournir en petit comité les explications que je demande et que j'arracherai, coûte que coûte?

Puisqu'il n'y a pas possibilité de laver ce linge sale en famille, force m'est bien de le porter au lavoir public! Tant pis pour ceux qui en pâtiront.

J'aurais d'ailleurs au cœur toute l'humilité et l'indulgence prêchées par l'Évangile, que la nécessité me contraindrait d'en appeler au tribunal de l'opinion. Je ne suis pas, en effet, moi, un bourgeois cossu comme M. le docteur Robinet. Je ne suis qu'un prolétaire, dont les bras et l'honneur sont le seul capital. Dans de semblables conditions, si justice n'est pas faite des calomnies sous lesquelles on s'efforce de m'accabler, je puis perdre mon travail... Ne serait-ce pas ce résultat que se seraient proposés mes persécuteurs? Calomniez! calomniez, dit Basile, il en reste toujours quelque chose.

Si donc il y a scandale, je n'en devrai point porter l'écrasante responsabilité.

Encore un mot, et j'ai fini.

C'est un conseil que j'ai à donner à la coterie pornocratique qui m'a excommunié, pour me punir sans doute du mal que m'avaient fait ses pontifes.

Elle a déjà, cette coterie, occasionné bien

des tiraillements au sein de l'école positiviste. Elle a réussi à en éloigner bien des cœurs généreux et des intelligences droites avant d'être définitivement démasquée.

Eh bien! dans de pareilles conditions, elle ferait mieux de se dissoudre et de cesser de jouer à l'orthodoxie...

Que ces messieurs, ses représentants et bénéficiaires se retirent franchement de la société dont ils m'ont éliminé *jesuitico more*; — qu'ils renoncent à la vie politique pour aller chercher au foyer domestique les satisfactions compensatoires qui, *sans doute*, ne leur feront pas défaut; — qu'ils s'abandonnent à leurs penchants naturels de religiosité! Faites vos pâques, mes révérends, vous ne serez point déplacés à la *sainte* table; portez des cierges aux processions : cela vous ira encore fort bien; et usez de votre sainte influence, afin d'utiliser les aptitudes de votre fidèle Laporte, en lui procurant les fonctions bénites de sacristain.

AMEN

www.ingramcontent.com/pod-product-compliance
Lightning Source LLC
Chambersburg PA
CBHW071527160426
43196CB00010B/1682